ENCICLOPEDIA del DEPORTISTA en la NATURALEZA

CRISTIAN BIOSCA ROLLAND

Advertencia:
En este libro usted encontrará una amplia información, pero las prácticas de deportes o actividades que aparecen mencionadas deben realizarse bajo la supervisión de un profesional. Durante ellas deben respetarse todas la leyes vigentes. Por lo que, tanto los editores como el autor no aceptan ninguna responsabilidad por juicios o acciones judiciales, presentados contra persona o institución alguna, como resultado del uso o mal uso de cualquiera de las técnicas descritas en este libro, que puedan ocasionar daños y perjuicios.

ENCICLOPEDIA del DEPORTISTA en la NATURALEZA

3 1969 01551 9621

© **EDIMAT LIBROS, S. A.**
Calle Primavera, 35
Polígono Industrial El Malvar
28500 Arganda del Rey
MADRID-ESPAÑA
www.edimat.es

ISBN: 84-9764-483-2
Depósito Legal: M-7270-2004

Autor: Cristian Biosca
Título: Enciclopedia del deportista en la naturaleza

Quiero agradecer la colaboración de José Luis Álvarez, Olga Martín Somoza, Emiliano Francisco González Frutos, María Ángeles García, Macarena González de Frutos, Jerónimo González de Frutos, Francisco de Borja López y María Biosca Rolland, que hicieron de modelo para algunas de las imágenes de este libro.

Impreso en COFÁS

IMPRESO EN ESPAÑA - *PRINTED IN SPAIN*

CONTENIDO

INTRODUCCIÓN

Integrarse en la naturaleza

El medio en el que va a desarrollarse nuestra actividad es la naturaleza. Se trata de un medio frágil en perpetuo equilibrio, que necesitará de nuestros cuidados y atenciones para mantenerse. Antes de la llegada destructiva del hombre, la naturaleza podía regenerarse y resurgir de cualquier desastre, pero la incesante presión a la que la sometemos hace que esta tarea sea cada vez más complicada.

Todos conocemos las catástrofes naturales que el ser humano ha provocado y sigue provocando. «Pan para hoy y hambre para mañana» parece ser la máxima que guía a numerosas compañías internacionales que explotan los recursos naturales sin reparar en que no son infinitos. Lo más grave del asunto no es la sobre explotación de esos recursos y las consecuencias que tendrá a largo plazo —algo que no deberíamos olvidar—, sino las consecuencias inmediatas que tienen sobre nosotros y nuestro planeta.

Según fuentes de Greenpeace, antes de que se agoten las reservas de combustibles fósiles del planeta será necesario dejar de consumirlos pues sus efectos negativos sobre el calentamiento global pondrán millones de vidas en peligro. Esto es un hecho, pero ya ni siquiera aparece en las noticias.

Los gobiernos, las industrias y los particulares continúan con sus actividades sin pensar en el mañana, seguramente confiando en que las nuevas generaciones se adapten a lo que les quede y descubran remedios milagrosos para los males que actualmente se desencadenan.

Siempre que leemos o escuchamos a alguien hablar sobre estos temas sentimos una desagradable sensación y preferimos pensar que se trata de un fanático ecologista con una actitud excesivamente alarmista. Preferimos pensar que ese momento del que habla «ese loco» aún está lejos, que todavía tenemos tiempo para enmendar lo que hemos hecho y así continuamos con nuestras vidas sin cambiar nada en absoluto.

Pero es indudable que cada día desaparecen especies y lo hacen para siempre, para no regresar jamás. Especies que nuestros hijos no conocerán más que por los libros. Cada día se talan inmensas superficies de selvas que abastecen de oxígeno a nuestra atmósfera. Cada año la temperatura global aumenta. La lista de sucesos similares es muy larga, pero nadie hace nada.

Es difícil que una sola persona haga algo al respecto sin alterar por completo su vida, o al menos eso parece. Sin embargo cada uno de nosotros tenemos cientos de oportunidades diarias de mejorar la situación actual y de colaborar con nuestro

La mayoría de los felinos del planeta se encuentran al borde de la extinción.

pequeño granito de arena en la conservación de nuestro mundo y de nuestro futuro.

Desde nuestro propio hogar podemos colaborar en esa tarea de protección con pequeños detalles que repetidos por toda la sociedad se convertirán en una importante operación global en favor de la conservación del medio ambiente. Para ello solo debemos ahorrar un poco de agua, utilizar los contenedores especiales de basura separando los residuos sólidos urbanos y un sinfín de actos individuales que pueden llegar hasta donde llegue nuestro compromiso.

Una tarea importante para llevar a cabo esta misión esencial, que como las de los héroes de las novelas puede salvar el mundo, es informarse debidamente sobre el tema. Así comprenderemos que determinados residuos son extremadamente peligrosos, como las pilas, y que por ello necesitan depositarse en contenedores específicos desde donde serán enviados a

lugares especiales para su aprovechamiento o destrucción.

También sabremos que el aceite del motor de un vehículo o un envase de plástico tardarán miles de años en desaparecer del lugar donde lo tiremos y contaminará y pondrá en peligro a una amplia parcela natural y a todos los seres vivos que la integran. Estos tan sólo son dos ejemplos pero hay otros muchos y conocer las consecuencias derivadas de los mismos nos hará evitarlos.

La creciente avalancha de aficionados a los diversos deportes que se practican en plena naturaleza puede constituir también un peligro para los ecosistemas. El hombre actual busca el aire puro, la belleza y la aventura fuera de las ciudades. Por ello los deportes de riesgo y aventura o el turismo rural o el ecológico están experimentando un asombroso crecimiento.

Cada vez son más las personas que se acercan a lugares remotos cuyo único beneficio es ofrecer unas vistas impresionantes y bellas de un paraje que poco a poco desaparece, o ser el refugio de una especie en grave peligro de extinción. Esas mismas personas que se asombran y se maravillan ante la pureza de unas aguas o el magnífico espectáculo de las montañas y los bosques, son capaces de arrojar sus envases de película fotográfica o sus cigarros encendidos al suelo.

Como ellos, muchos aficionados a deportes de montaña, que en teoría aman la naturaleza y disfrutan de la belleza de un lugar, arrojan latas de refrescos, botellas de cristal, plásticos y toda una serie de desperdicios que convierten un parque natural o un espacio protegido en un vertedero.

En más de una ocasión he regresado de una pequeña aventura llevando en mi mochila basuras que otros menos considerados abandonaron en el camino por el que pasé. En otras muchas me ha sido imposible reparar el daño que otros hicieron pues habría necesitado la colaboración, cuando menos, del ejército.

Es lamentable que cualquier persona utilice los ríos, el mar o los bosques como vertedero particular donde arrojar todo aquello que no quiere tener en su casa, pero todavía es más lamentable que aquellas personas que disfrutan con la vida y el deporte en la naturaleza lo hagan, porque esto demuestra que nos quedan pocas esperanzas. Si los que escapan de las ciudades al campo en busca de algo diferente no comprenden la necesidad de conservar el medio ambiente, ¿cómo explicárselo y hacer que lo comprendan todos los demás?

Afortunadamente, también hay muchas personas que comprenden el problema y colaboran activamente para poner una solución. Así, por ejemplo, mientras algunos arrojan al mar todas sus basuras, otros luchan por mantener limpio el fondo marino y cada año trabajan desinteresadamente en arreglar lo que ignorantes y desaprensivos estropearon.

Anualmente diversos organismos y empresas realizan limpiezas del fondo marino, para enmendar lo que otros menos conscientes estropearon.

Consideraciones

Cuando nos desplacemos por la naturaleza practicando cualquier deporte debemos tener en cuenta ciertas consideraciones que nos ayudaran a conservarla y evitar molestar a aquellos que comparten con nosotros ese medio, ya sean otros excursionistas o habitantes del lugar, independientemente del reino al que pertenezcan, animal, vegetal o mineral. Veamos esas consideraciones que pueden convertirse en una especie de código deontológico del buen aventurero.

Fuentes de agua

A lo largo de los caminos que recorreremos encontraremos fuentes, arroyos, manantiales... El agua potable es un tesoro para nosotros y para todos aquellos que nos sigan. Si para nosotros que pasamos por allí es importante, mucho más lo será para los habitantes del lugar, humanos y de otras especies.

Por ello es fundamental respetar en extremo estos lugares y procurar dejarlos tal y como los encontremos. Algunos lugares exigirán un cuidado especial, por su ubicación. Es el caso de los pequeños manantiales o las fuentes de los pueblos. Siempre cuidaremos de no dañar las construcciones (a veces un simple caño que sale de la tierra) y por descontado no ensuciarlo.

Si debemos lavar algo de ropa o algunos cacharros o útiles de cocina, evitaremos usar detergentes y jabones que ensuciarán el agua y la contaminarán. Un poco de arena será suficiente para eliminar la suciedad de los cubiertos o los platos, mientras que nuestra ropa deberá contentarse con algo de agua fresca. Si requiere atenciones más cuidadosas, será mejor que esperemos a llegar a un núcleo urbano y busquemos un lugar adecuado.

Si debemos ser cuidadosos y no abandonar ningún desecho en ningún lugar, deberemos extremar las precauciones en las fuentes y pilones, y en todos aquellos lugares donde otros caminantes o vecinos del lugar se acerquen a beber. Por norma deberíamos dejar estos lugares como nos gustaría encontrarlos, por lo que no basta con no ensuciar, a veces hay que enmendar lo que otros menos cuidadosos dejaron tras de sí.

Cerca de las fuentes, los arroyos, los manantiales, etcétera, debemos extremar las precauciones.

Cada piedra, capa planta o criatura tiene su papel en el ecosistema, por lo que debemos tener mucho cuidado para no alterar el entorno.

Coleccionismo incontrolado

Amantes de la naturaleza, coleccionistas privados, estudiantes y muchas otras personas suelen recoger minerales, hierbas, flores, insectos o incluso aves o mamíferos. Este hábito está prohibido en los parques naturales y zonas protegidas por razones obvias. Lógicamente el hecho de que nos llevemos una flor de recuerdo de nuestra excursión no va a suponer una catástrofe natural, pero antes que nosotros y después llegarán otros muchos. Si todos hacen lo mismo, sí puede convertirse en una catástrofe.

La belleza o riqueza de una zona puede irse, poco a poco, a bordo de las mochilas de miles de excursionistas que, muchas veces sin mala intención, van robando lo que hace único a ese

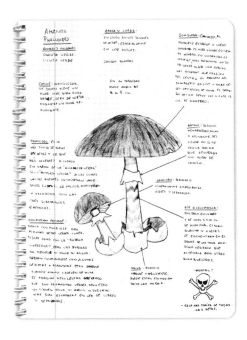

El dibujo o la fotografía nos permitirán guardar recuerdos de todas nuestras aventuras, sin la necesidad de recoger muestras, lo que ocasiona un daño innecesario al ecosistema.

lugar. No olvidemos además que la naturaleza se encuentra en equilibrio, que nada sobrevive independientemente del ecosistema donde vive y que la falta o la desaparición progresiva de una especie afectará sin duda a otras, que a su vez alcanzarán todos y cada uno de los niveles de vida.

Por ello deberemos evitar recoger «recuerdos» de forma indiscriminada y tratar de «llevarnos» aquello que nos guste o atraiga de alguna manera. La fotografía es una interesante opción, ya que nos permite conservar cada detalle del objeto de nuestra atención y además en su justo contexto, rodeado del medio al que pertenece. El dibujo es otra, igualmente placentera para nosotros y beneficiosa para el medio ambiente.

Si no somos buenos fotógrafos o el dibujo no es lo nuestro, siempre nos quedará la memoria, donde podremos almacenar tantos recuerdos como queramos y donde sin duda preferiremos recordar cómo al marcharnos nosotros, toda aquella belleza permanecía intacta.

Contaminación acústica

Todos aquellos que vivan en una ciudad estarán habituados a escuchar toda clase de ruidos, la mayoría molestos, a los que nos hemos ido acostumbrando por la continua exposición a los mismos y por que no nos quedaba más remedio. El del tráfico es solo uno de ellos, que en la mayoría de los lugares ha pasado a ser un sonido de fondo ininterrumpido y monótono.

Muchas personas acuden al campo o a la montaña en busca de tranquilidad y de calma. Incluso aquellos que no ansían esa paz, se sorprenden del silencio que envuelve algunos caminos perdidos de la montaña, donde tan sólo ocasionalmente se escucha el canto tímido de algún ave. Para todos ellos, y por descontado para los habitantes del lugar, cualquier sonido estridente resultará extremadamente molesto y será una agresión a su intimidad. Recordemos también la facilidad con que se extiende el sonido en la montaña.

Cada vez son menos las personas que acuden a estos lugares acompañados de televisores portátiles o radiocasetes, pero en ocasiones podemos encontrarnos con ellos. Unos y otros merecen todo nuestro respeto. Los aficionados a escuchar la radio aun en los lugares más apartados, pueden optar por incluir en su equipo unos auriculares que les permitan disfrutar al máximo de su programa favorito sin alterar la tranquilidad del lugar. Si carecemos

de ellos siempre podemos mantener un volumen moderado.

Ese volumen respetuoso también debe aplicarse a todo lo que hagamos, ya sea hablar, cantar o cualquier otra actividad. Ello no solo nos permitirá disfrutar del camino sin perturbar la tranquilidad del lugar, sino también acercarnos a algunas criaturas que de otra forma se ocultarán de nosotros y nos pasarán inadvertidas. Aunque este apartado pueda parecer exagerado, no nos resultará demasiado difícil cumplir con esas sencillas normas de convivencia que aseguren un recorrido agradable para todos.

Desperdicios

Es lamentable comprobar cómo todavía hay personas que no respetan el medio ambiente y abandonan, sin ninguna consideración, toda clase de desperdicios. Algunos de ellos tan contaminantes como los plásticos o el aceite de motor, de los que hemos hablado antes y que pueden tardar más de cinco mil años en desaparecer o como en el caso de las pilas que contienen mercurio, contaminar cientos de miles de litros de agua.

Es realmente difícil recorrer cualquier camino por el monte, por apar-

tado e inaccesible que sea, sin encontrarlo jalonado de latas de refrescos, botellas de plástico e incluso electrodomésticos oxidados. Además de existir leyes que prohíben, persiguen y multan a cualquiera que arroje basura en determinados lugares, en este asunto también estamos hablando de respeto, por los demás y por el medio, y por descontado también hablamos de educación. En nuestras escapadas al campo, ya sea para pasar el día con la

familia, para comernos una tortilla de patatas o para practicar cualquier deporte, buscamos un entorno limpio y agradable.

Por todo ello es fundamental que no abandonemos desperdicios en cualquier parte. Siempre debemos llevar con nosotros unas bolsas donde tiraremos todas nuestras basuras. Como es lógico, la bolsa tampoco la debemos abandonar ni esconder. En la mayoría de los lugares ya encontra-

remos cubos de basura, pero en caso contrario no nos resultará excesivamente difícil ni molesto transportarla hasta nuestro domicilio y hacerla desaparecer con el resto de la basura doméstica.

Aunque es cierto que determinados desperdicios orgánicos no causaran un perjuicio para el medio ambiente, constituirán un feo decorado del paraje donde los abandonemos. Esa contaminación visual puede evitarse de dos maneras. La primera llevándonos también ese tipo de desperdicios y la segunda, si vamos a pasar varios días en el campo y nos es imposible transportarla, enterrando esos desechos.

Quede bien entendido que siempre será mejor llevarnos todo cuanto no pertenezca al lugar que visitamos. Por descontado, merece el mismo respeto cualquier localidad o construcción junto a la que pasemos. Otra de las modas es dejar la clásica inscripción de «Fulanito estuvo aquí» en la corteza de los árboles, mediante pintadas en las rocas o las paredes, haciendo marcas con un mechero o arrancando el musgo de las piedras. Esta práctica constituye un atentado contra la naturaleza, el resto de los caminantes y el lugar donde se realice.

Fauna y flora

Moverse por la naturaleza requiere una atención especial, no podemos ir pisoteando todas las flores, rompiendo ramas o acosando a las criaturas que nos encontremos. Hay quien arranca flores que se marchitan antes de llegar a casa y cuyos cadáveres son abandonados a medio camino, con lo que nuestro gesto romántico habrá sido inútil. Con ello no solo mataremos la flor, sino que interrumpiremos su ciclo, impidiéndole cumplir su objetivo y privando a otros caminantes de su belleza.

Otra práctica nada recomendable es abrirse camino a machetazos, destrozando la vegetación sin necesidad. Por regla general, podremos caminar por senderos perfectamente limpios y libres de ramas. Si evitamos abandonarlos evitaremos también erosionar las zonas limítrofes, conservándolas intactas.

No debemos levantar ni mover piedras o troncos, pues ellos constituyen el techo de pequeños ecosistemas que no sobrevivirán de otra forma. Además, bajo estos lugares se esconden algunas criaturas que pueden resultar peligrosas, como serpientes, arácnidos, etcétera.

Fuegos

El fuego en los campamentos es, en la mayoría de las ocasiones, un capricho innecesario del que deberíamos prescindir. En la mayor parte de los espacios naturales protegidos está prohibido encender hogueras. Además, en determinadas épocas, el riesgo de incendios forestales es altísimo

Hacer un fuego supone mucha responsabilidad. Sólo debe hacerse cuando realmente sea necesario y observando muchas precauciones.

combustible las inmediaciones de la hoguera y marcaremos sus límites con piedras o con un agujero excavado en el suelo.

Siempre mantendremos el fuego bajo vigilancia. Antes de dormir o marcharnos dedicaremos el tiempo necesario a apagar las llamas. La proliferación de incendios en masas forestales de todo el mundo es conocida por todos y trágica para los bosques, sus habitantes y los amantes de la naturaleza. Confío en que los lectores no necesiten consejos y charlas sobre este tipo de cosas, pero a pesar de todo no está de más recordarlo.

Perros

Caminar acompañado de un perro es una experiencia enriquecedora y muy agradable, tanto para nosotros como para el can, que disfrutará igualmente del camino. Es mucho más que un compañero, fiel hasta la muerte, defensor... Las virtudes de estos animales son muchas, al igual que las satisfacciones que proporcionan. Sin embargo hay que mostrarse respetuoso con el resto de criaturas con las que nos encontremos, incluidos otros excursionistas.

En parques nacionales y zonas protegidas nuestro compañero tendrá restringido el acceso, pero incluso en otros lugares donde pueda correr libre y sin problemas, debemos vigilarle. Nosotros sabemos que es inofensivo, pero el resto de personas no, y sus acciones pueden provocar una reacción imprevista de nuestro perro.

La fauna del lugar no debe sufrir las persecuciones de nuestro amigo ni tampoco el ganado. Además podemos encontrarnos con otros perros que, como el nuestro, se encuentren de excursión o bien pertenezcan a alguien de la zona. El encuentro puede ocasionar problemas que debemos evitar, como en los casos anteriores, por respeto hacia los demás y hacia el deporte que practicamos.

Propiedad privada y pública

En este capítulo estamos dedicando muchas páginas a hablar sobre una postura de respeto del caminante allí donde se encuentre. Esta actitud es fundamental, pues nos asegura un trato semejante y una mejor acogida de los vecinos del lugar. Gracias a ello disfrutaremos de la mejor faceta de los habitantes de la zona y comprobaremos su hospitalidad y buen humor. De otra forma podemos experimentar otras facetas menos positivas que pue-

Nuestro perro será un amigo fiel con quien compartir todas nuestras aventuras, sin embargo el resto de personas y animales no deben sufrir ninguna molestia.

y la prudencia aconseja no hacer fuego.

En donde exista una prohibición de hacer fuego, sólo las necesidades de supervivencia deben impedirnos cumplir con la ley. No olvidemos que si precisamos de luz o calor tenemos otros sistemas para conseguirlos. En los lugares donde hacer fuego no está regulado o prohibido, o si verdaderamente lo necesitamos, deberemos extremar las precauciones para evitar peligros. Aunque repetiremos estos mismos consejos a lo largo del libro en más ocasiones, debemos tener presente que antes de encender el fuego despejaremos de material

den convertir un agradable paseo para recordar siempre en un recuerdo del que avergonzarse.

En muchos lugares encontraremos carteles donde se nos avisará de la prohibición de hacer fuego, acampar o llevar animales sueltos. Hay otras muchas cosas que nunca debemos hacer, aunque no lo prohíban expresamente en ningún cartel, y otras que sin que aparezcan escritas en ningún lugar, responden a la lógica y la conciencia. No es necesario enumerarlas pues las conocemos.

Al igual que no debemos tirar basuras, ni hacer un ruido excesivo que pueda molestar a los demás, ni hacer fuego, tampoco debemos robar frutas, romper ramas, pisotear campos cultivados, etc. Son normas no escritas que todos comprendemos. Para entender mejor hasta dónde llegan y cuál es su alcance, sólo debemos imaginarnos que por nuestra casa van a pasar cientos, miles de personas. El comportamiento que esperaríamos de

todos ellos es el que debemos tener nosotros.

Así, cerrar las puertas de las fincas una vez que hayamos pasado, respetar a todas y cada una de las personas, animales, plantas y construcciones que nos encontremos es una obligación que, sin embargo, nunca debe suponer una carga excesiva, pues deberíamos estar respondiendo a lo que nos dicta nuestra conciencia.

Por supuesto es necesario también mostrar más o como mínimo el mismo respeto hacia todo lo que constituya un bien público. Desgraciadamente los castillos y otras maravillas de nuestra historia sufren a menudo las agresiones de desaprensivos. Doy por hecho que los aficionados a los deportes relacionados con la naturaleza no van a ser partícipes de este tipo de actos vandálicos.

CONCEPTOS FUNDAMENTALES

- La naturaleza es un medio frágil en perpetuo equilibrio que precisa de nuestros cuidados.

- Respetad el medio ambiente y a sus habitantes.

- Respetad la propiedad privada y pública.

- Evitad molestar con nuestro ruido o acciones a todos aquellos que nos rodean.

VESTIMENTA

En las actividades que se realizan al aire libre es tan importante contar con el equipo adecuado como vestirse de forma correcta en cada estación del año, cada clima y para cada actividad. Abrigarse en los climas fríos, protegerse del calor cuando sea necesario o elegir un buen calzado determinarán nuestro disfrute de cualquier deporte y nuestra salud.

La indumentaria debe ser cómoda, funcional y pensada para la época del año en la que se vaya a utilizar.

Vestirse para una actividad deportiva en plena naturaleza responde a diferentes necesidades, la última de las cuales debería ser la de ir a la última. La ropa de aventura, tan de moda hoy en día, no siempre es la mejor opción. En muchas ocasiones esa indumentaria ha sido diseñada para un aventurero urbano, resultando poco práctica en otro tipo de ambientes.

Por regla general cada actividad deportiva tiene unas prendas específicas que han sido diseñadas y pensadas para satisfacer las necesidades concretas de un deporte, por lo que suelen resultar la mejor opción. Así, por ejemplo, la vestimenta más apropiada para los deportes acuáticos serán los neoprenos, y el empleo de cualquier otra resultará incómodo o poco práctico.

Otro de los factores determinantes para la selección de una u otra prenda es, lógicamente, el clima. Sin embargo, que las temperaturas sean bajas no nos obliga a ponernos todo lo que tengamos, también dependerá de si estamos inmóviles o en movimiento, de la costumbre, de condiciones particulares, etc. De igual forma, ante un día de calor abrasador no será aconsejable quitarnos toda la ropa, debemos saber cómo sacarle el mayor partido a la prendas de que dispongamos.

Como decíamos, la costumbre es un factor determinante. Aquellas personas que, por su trabajo o aficiones, pasen mucho tiempo al aire libre, no necesitarán tanto abrigo como el que trabaja en un ambiente protegido con

Vestirse es mucho más que una simple cuestión de moda o apariencia.

una buena calefacción. El poder de adaptación de nuestro cuerpo es realmente sorprendente. Intentar acostumbrar a nuestro organismo al frío o al calor extremos no es una tarea fácil y requiere mucho tiempo. A menos que después mantengamos las mismas condiciones, perderemos esa «inmunidad», por lo que es mejor saber cómo mantener la temperatura correcta de nuestro cuerpo, independientemente de la temperatura exterior.

La piel es un órgano inmejorable y ningún material podrá sustituirlo. Aunque nos cubramos con abrigos de plumas, pieles de animales o materiales sintéticos, nada igualará las prestaciones de nuestra propia piel. Además de las funciones que realiza para el organismo, nos sirve de aislante de las temperaturas exteriores, es totalmente impermeable y cubre todo nuestro

Con calor o frío es importante proteger la cabeza.

Nuestra temperatura puede bajar en contacto con el aire frío, o al sentarnos sobre una roca que nos robará el calor por conducción.

cuerpo como ningún abrigo podría hacer.

A pesar de todas sus ventajas, ante condiciones extremas, la piel no será suficiente. La grasa acumulada será una reserva de energía y una protección contra el frío. Con altas temperaturas o expuesta al sol, la piel puede dañarse. En ambos casos debemos protegerla para que ella, a su vez, nos pueda prestar el mismo servicio a nosotros.

Cuando nos abrigamos tratamos de evitar perder temperatura a causa de la radiación, es decir, pretendemos evitar que, en contacto con el aire frío, se nos escape el calor que genera nuestro cuerpo. También se puede perder temperatura al estar en contacto con objetos fríos, que literalmente nos roban el calor por conducción. Sentarse sobre el suelo helado, sobre el hielo o la nieve o sobre una roca muy fría, tocar objetos metálicos o llevar la ropa mojada son formas de perder parte de nuestra temperatura corporal. La forma de evitarlo es colocar aislante entre esos objetos y nuestro cuerpo y cambiarnos inmediatamente la ropa que se pueda haber mojado.

El calor que generamos calienta el aire contiguo a la piel mediante el mecanismo de la radiación. La ropa que llevemos debe mantener ese aire caliente y evitar que se escape o de otro modo nos enfriaremos a causa de la convección, o lo que es lo mismo, del movimiento del aire. Para evitarlo, nuestras prendas deben ser aislantes y a prueba de viento.

Si en verano el sudor puede contribuir a refrescarnos, es fácil suponer que en condiciones de clima frío su evaporación, supondrá una pérdida de temperatura, que además puede agravarse si éste empapa la ropa y hace funcionar el mecanismo de la convección. Las prendas que elijamos deben ser aislantes, como ya se ha dicho, pero también transpirables, de forma que la evaporación se produzca de forma natural sin empapar esa ropa.

Por último, debemos saber que la propia respiración, cuando estamos sometidos a un ejercicio intenso y en un ambiente de bajas temperaturas, puede hacer que perdamos calor al inhalar aire frío. Respirar por la nariz hará más leve esta pérdida.

El objetivo de las prendas, que elegiremos antes de salir, debe adaptarse a esas necesidades y exigencias que hemos descrito. Como es lógico, la época del año y la región en la que nos encontremos será el factor más decisivo en nuestra elección. La norma principal es que nos proteja.

El cuerpo del deportista debe encontrarse resguardado tanto del sol, como del viento, de la lluvia, de la humedad, etcétera. Además, deberemos cubrir con especial cuidado partes tan delicadas como los pies, las manos o la cabeza y llevar en la mochila prendas apropiadas en previsión de cambios climáticos.

Debemos contar con suficiente abrigo, pero sin olvidar que caminando o realizando cualquier esfuerzo entraremos en calor y que tan malo será llevar excesiva ropa como insuficiente. Podemos vestirnos con varias capas; cada una de ellas cumplirá un objetivo y podremos desprendernos de las diferentes capas en caso de necesidad, y guardarlas en la mochila. La protección contra el frío debe combatir igualmente el viento y la humedad. Veamos cómo vestirnos para dos diferentes casos, una situación de frío y otra de calor, para saber cómo actuar en cada una de ellas.

Combatir el frío

Si la temperatura de nuestro cuerpo baja sólo dos grados centígrados, estamos en grave peligro de morir a causa de una hipotermia. La temperatura límite se establece por tanto alrededor de los 35ºC, lo que parece demasiado próximo a nuestra temperatura normal y por lo tanto un constante riesgo para nuestra vida. Pero el cuerpo humano es una obra de arte de la naturaleza y millones de años de evolución nos han proporcionado un vehículo inmejorable, con las más altas prestaciones.

El ser humano ha vencido a los climas más adversos del planeta gracias a su tremendo poder de adaptación. El secreto de nuestro éxito es la alta proporción de agua en nuestra composición. Una de las propiedades del agua es su elevado calor específico, es decir, absorbe grandes cantidades de calor con cambios mínimos en su temperatura, por lo que mantiene la nuestra constante, pese a las variaciones exteriores. Al estar formados entre un 60 y un 70% por agua, no es fácil cambiarnos la temperatura, aunque claro, tampoco es imposible.

En los capítulos 3 y 4 veremos cómo crear un microclima cálido en nuestro campamento o dentro de nuestros sacos, pero si carecemos por completo de algún medio de calentarnos, nuestra única alternativa será el movimiento. Deberemos movernos, caminar, permanecer activos hasta que las condiciones climatológicas cambien, nos rescaten o encontremos un refugio.

El frío será, además, un enemigo psicológico que nos producirá somnolencia, pereza, un estado general de abandono que nos inducirá a pensar que nada tiene importancia y nos obligará a cerrar los ojos «aunque solo sea un momentito». Hay que luchar contra ese estado producido por el frío, pues cerrar los ojos puede suponer la muerte por congelación. Debe-

El ser humano ha sido capaz de sobrevivir en los climas más adversos gracias a su inteligencia y su increíble poder de adaptación.

mos seguir moviéndonos, para que el corazón trabaje más rápido y haga que el fluir de la sangre nos mantenga calientes. En situaciones de emergencia, el cuerpo de otro infortunado que se encuentre en nuestra misma situación nos proporcionará mucho calor; dos personas bajo una manta pasan menos frío que una sola.

Pero sin llegar a casos extremos debemos tener presentes otros factores. En invierno el frío puede ir acompañado de lluvia. Si nos mojamos y sopla el viento o el sol está cubierto no nos secaremos y pasaremos frío. Para evitar esto debemos llevar una prenda impermeable en la mochila. Una camiseta de algodón empapada no nos librará del frío y será mejor desprenderse de ella para entrar en calor. La lana, por ejemplo, nos seguirá abrigando a pesar de encontrarse mojada. Sin embargo, una de las opciones más lógicas es aprovecharse de las mejoras alcanzadas en tejidos sintéticos, como el polipropileno, que evitan la absorción de la humedad.

Como primera capa y en contacto con la piel llevaremos, como se ha dicho antes, alguna prenda cómoda.

Sobre ella lo más practico es un forro polar, un tejido sintético que proporciona la misma protección que los clásicos jerséis de lana, pero ofrece además otras ventajas, como su

Las extremidades serán las primeras en acusar el frío. Unas manoplas serán más cálidas que unos guantes pero nos restarán habilidad. Cada momento y situación requerirán unas medidas u otras.

menor peso y volumen y una mayor resistencia.

Por último, una tercera capa servirá de aislante contra el viento y la lluvia, debe ser por lo tanto impermeable. Sin embargo, debe permitirnos transpirar o de lo contrario, como ya se ha visto, nos libraremos de la lluvia pero nos bañaremos en nuestro propio sudor, con lo que el resultado final será el mismo. Actualmente podemos encontrar prendas excelentes fabricadas en *goretex*, muy ligeras y que se adaptan perfectamente a ambas necesidades, aislarnos del frío y la humedad, y permitir la transpiración.

Si llevamos diferentes capas de ropa, cumpliremos varios objetivos. Entre ellas se formarán unos espacios intermedios de aire caliente que evitarán que perdamos calor y que el frío exterior entre. Además, aunque haga mucho frío, si estamos caminando, no necesitaremos llevar toda la ropa puesta, especialmente si vamos cargados, o cuesta arriba, cuando el esfuerzo es mayor. Si hemos sudado a causa del ejercicio, al parar el viento enfriará el sudor y nos quedaremos helados. El calor que generamos al movernos nos permitirá quitarnos alguna prenda. Cada vez que paremos deberemos abrigarnos.

Combatir el frío no es sólo una cuestión de abrigo, tampoco debemos olvidar el ejercicio y la alimentación. Una marcha a un ritmo constante nos proporcionará calor, al igual que una comida abundante o caliente. Esto debemos tenerlo en cuenta tanto en verano como en invierno. Hasta ahora sólo hemos repasado algunos consejos generales que nos pueden ayudar a combatir el frío. Veamos a continuación la forma correcta de cubrir cada una de las partes de nuestro cuerpo, pues no todas precisan la misma protección. El tórax necesitará más abrigo que las piernas, mientras que las manos y los pies merecerán una atención especial al igual que la cabeza.

Extremidades

Con la bajada de las temperaturas lo primero que se enfriará serán las extremidades. Las manos, que necesariamente estarán expuestas si necesitamos usarlas, o los pies, acusarán el frío antes que cualquier otra parte del cuerpo. Sólo con los pies fríos sufriremos enormemente.

Un par de calcetines y unas botas mantendrán los pies calientes. Las manos pueden ir protegidas con unos guantes. Si el frío es intenso, unas manoplas serán más efectivas, pero resultarán más incómodas si tenemos que usar las manos. Existen guantes y manoplas de caza que permiten sacar los dedos para realizar algún trabajo sin la necesidad de quitarse los guantes. En cualquier caso, no olvidemos que las prendas o el calzado demasiado apretado impide la normal circulación de la sangre, lo que evitará que entremos en calor.

Cabeza

Algo que es necesario tener en cuenta es que a través de nuestra cabeza podemos perder entre un 50 y un 75% del calor que producimos, a temperaturas de entre 5ºC y −15ºC. Cubrirse la cabeza es, por lo tanto, fundamental. Si carecemos de un buen gorro, cualquier prenda, colocada con mayor o menor gracia, puede sustituirlo. Las orejas y la nariz serán las que más acusen el frío, por lo que podemos optar por un gorro que cubra a las primeras o un verdugo.

La cabeza debe estar bien protegida, tanto del frío como del exceso de calor. Por la cabeza podemos perder hasta un 75% de nuestro calor corporal.

Podemos complementar el conjunto con unas orejeras y una bufanda. Cada persona sabe mejor que nadie su reacción ante las bajas temperaturas y qué es lo que necesitará. En cualquier caso, ir preparado no nos hará ningún daño, siempre y cuando no sobrecarguemos la mochila.

Cuerpo

Actualmente existen prendas elaboradas con materiales sintéticos, como ya hemos dicho, que ofrecen las mejores prestaciones para proteger-

nos del frío. No olvidemos que dos prendas finas abrigarán más que una gruesa, debido a la capa de aire caliente que se forma entre ambas. Una vez más, las prendas muy ajustadas que impiden la circulación de la sangre no son recomendables.

Para combatir el frío debemos protegernos del viento y la lluvia con prendas que les impidan el paso. Simultáneamente tenemos que permitir que nuestro cuerpo transpire adecuadamente sin olvidarnos de proporcionarle el suficiente abrigo. Los nuevos materiales empleados en prendas de abrigo cumplen todos esos objetivos siendo, además, impermeables.

TRUCO

En casos extremos, una manta o cualquier tela grande puede convertirse con un simple agujero en un poncho que nos mantendrá calientes en caso de apuro. Una simple cuerda, actuando como cinturón, cerrará la abertura inferior haciéndolo aún más caliente.

Piernas

Una vez más debemos recordar que si hemos seleccionado la ropa adecuada para la actividad que vamos a realizar estaremos bien protegidos. Los materiales sintéticos también han llegado a los pantalones, consiguiendo prendas que abrigan y son muy resistentes y versátiles.

EL FRÍO Y EL ALCOHOL

Una creencia muy extendida es que el alcohol sirve para calentarnos, algo que sólo es una verdad a medias. Los que conozcan solo la mitad, pueden acabar congelados, pues el alcohol hace que la sangre circule por los capilares externos, produciendo una sensación de calor momentánea. Sin embargo, esto tiene un efecto totalmente opuesto segundos después; tras los primeros momentos, la sangre que circula por la superficie del cuerpo se enfría en contacto con el aire y nos enfría a nosotros. Es el sistema que emplean los elefantes para regular su temperatura, sin alcohol claro. Sus grandes orejas, muy vascularizadas, le sirven para refrescar su enorme cuerpo. Por lo tanto y aunque los san bernardos lleven su barrilito con alcohol, éste se aplica para una mejoría rápida una vez que ya ha llegado la ayuda.

El frío y el alcohol son malos aliados.

Combatir el calor

Combatir los efectos del calor puede ser aún más complicado que los del frío. Los efectos de una temperatura elevada sobre el organismo humano son igualmente peligrosos.

La falta o el exceso de ropa no solo serán decisivos en el caso de temperaturas bajas, con mucho calor o el sol castigando desde el cielo, elegir bien la ropa será vital. Nuevamente debemos agradecer a la naturaleza haber dotado a nuestro organismo de una gran proporción de agua.

Otra de las propiedades del agua es su elevado calor latente de evaporación, que permite a la superficie corporal del organismo disipar grandes cantidades de calor durante el proceso de sudoración, donde el agua líquida se transforma en vapor. Con mucho sol, un truco para mantenernos frescos y hacer la situación más soportable será mojar nuestras prendas. El viento se encargará del resto. Si nos colocamos en la cabeza un pañuelo húmedo evitaremos mejor la insolaciones.

Ante el calor, el modo de actuación es completamente diferente, pero no por ello podemos descuidar-

nos. En estos casos las camisetas de algodón serán la opción más acertada, pues aunque se empapen de sudor se secarán rápidamente al sol. Además, el aire, al atravesar la prenda húmeda, nos enfriará.

Dejar nuestra piel al descubierto no es una opción inteligente por mucho calor que tengamos, a menos, claro está, que dispongamos de abundante agua donde sumergirnos. Por mucho

calor que haga no debemos olvidar unas reglas básicas ante el sol. Debemos protegernos de él de diferentes maneras. Si el sol incide directamente sobre la piel puede quemarnos sin que nos demos cuenta, necesitaremos más agua y correremos el riesgo de sufrir una insolación, algo muy peligroso si nos encontramos lejos de los núcleos urbanos. Para evitarlo llevaremos siempre puesta una camiseta y la cabe-

CONCEPTOS FUNDAMENTALES

- Cada actividad requiere unas prendas específicas que son las más adecuadas.
- Tanto en condiciones de frío como de calor es necesario vestirse correctamente.
- La vestimenta debe cumplir una función principal, que es la de proteger nuestro cuerpo del entorno.
- La cabeza, las manos y los pies serán las partes más sensibles de nuestro cuerpo y por lo tanto requerirán unos cuidados especiales.

Una vez más la cabeza será nuestro punto débil. Cualquier cosa vale para cubrirnos cuando el sol nos castiga.

za protegida. Si somos especialmente delicados ante los efectos del sol, no dudaremos en llevar una camiseta de manga larga y utilizar cremas protectoras.

No olvidemos que los habitantes de los desiertos se cubren el cuerpo entero bajo el sol más ardiente y eso a pesar de que su piel suele ser más oscura y no sufriría tanto el efecto de los rayos solares. No se trata de una simple costumbre, sino de la sabiduría que ha permitido a un pueblo sobrevivir en los ambientes más adversos.

Nuevamente comprobaremos que el esfuerzo nos hace sudar y aunque nos quitemos ropa mientras trabajamos, no hay que olvidar que debemos protegernos después del esfuerzo, pues los cambios bruscos de temperatura no nos beneficiarán en ningún caso.

El sol, sin embargo, no es nuestro enemigo. Aunque los abusos que se cometen contra la naturaleza nos hayan privado de los filtros necesarios entre él y nuestra piel, el sol sigue siendo la fuente de la vida en nuestro planeta. Como sucede con todo, no es en el sol donde reside el peligro, sino en la cantidad del mismo a la que estemos expuestos. Veamos cómo vestirnos en condiciones de mucho calor y no olvidemos que a pesar de lo imposible que parezca que se ponga a llover en verano, las tormentas son frecuentes en esta época, sobre todo en las zonas montañosas, por lo que deberemos llevar siempre en nuestra mochila un chubasquero en previsión de esta posibilidad.

Cabeza

Sufrir una insolación es mucho más fácil de lo que parece. Realizando cualquier actividad al aire libre los efectos del sol pueden pasar inadvertidos a causa del viento, pero igualmente pagaremos las consecuencias de nuestro descuido. Una gorra, un sombrero o un simple pañuelo anudado en la cabeza nos proporcionarán la suficiente protección.

Cuerpo

El cuerpo debe estar a cubierto del sol, pero mediante prendas que permitan perfectamente la transpiración.

Aquéllas elaboradas con tejidos naturales como el algodón o el lino serán buenas opciones. Los colores claros son los más recomendables, pues reflejan la mayoría de las radiaciones solares.

Pies

Si nuestra actividad no requiere un calzado específico, unas sandalias permitirán a nuestros pies gozar del aire libre, algo que agradecerán tanto ellos como nosotros. Si debemos llevar otro tipo de calzado podemos optar por incluir en nuestra mochila unas sandalias para cuando descansemos.

Los habitantes de las regiones más cálidas cubren todo su cuerpo a pesar de las altas temperaturas.

El calzado

Los pies son nuestro vehículo en la naturaleza y deberemos cuidarlo lo máximo posible, por lo tanto una parte trascendental del equipo será el calzado. Las zapatillas de deporte van muy bien para jugar al tenis o dar un paseo tranquilo pero, a pesar de que habitualmente se utilicen para todos los deportes, no son las más recomendables. En lugares muy rocosos, o terrenos abruptos, lo mejor son unas botas altas para evitar las torceduras de tobillo, que son muy frecuentes.

En una cueva, unas botas de agua pueden resultar muy útiles mientras que en el desierto serán una tortura. Cada terreno y cada actividad requerirán un calzado específico. Sea el que sea, deberemos sentirnos cómodos con él. Para que no nos moleste ni produzca rozaduras, lo mejor es utilizarlo antes de nuestra aventura para adaptarnos a él.

Botas

¿Qué debemos buscar en unas botas? En primer lugar deben de resultarnos cómodas, todo lo demás será inútil si tras unas horas de marcha o de actividad sentimos que nuestro calzado se ha convertido en una cámara de tortura para pies. Por ello deberemos extremar las precauciones a la hora de adquirirlas y dedicarles algo más de tiempo del que utilizamos al comprar nuestro calzado normal.

Puede que llevemos las botas con calcetines gruesos o con varios pares a la vez. Por lo tanto no dudemos en llevárnoslos a la tienda y hacer la prueba con ellos. Deberíamos poder mover los dedos sin que el pie se desplace por su interior. Si nos aprietan demasiado pueden dificultar la circulación sanguínea y propiciar la congelación de los pies.

Las botas deben estar preparadas para soportar todo tipo de inclemencias y los más duros terrenos. En una sola jornada podemos enfrentarnos al agua, el barro, las rocas, la nieve y el hielo, por lo que deberán ser resistentes. Para que nos protejan y nos permitan caminar sobre suelo nevado o

Existe un calzado específico para cada ocasión por lo que no debemos usar otro.

helado y sobre las laderas pedregosas deberán también ser rígidas, pero no tanto que hagan imposible utilizarlas en terrenos menos duros.

Los tobillos requieren que el cuello de la bota sea lo bastante alto como para arroparlos y protegerlos de las torceduras. Pero las botas, además y a la vez, tienen que ser flexibles y poseer una suela que nos proporcione un buen agarre en todos los terrenos, para así evitar resbalones. La parte superior debe ser lo bastante abierta como para poder calzárnoslas sin pro-

blemas, aunque se encuentren mojadas.

Es conveniente que las botas cuenten con refuerzos en la puntera y el tacón, lo que protege los pies en multitud de ocasiones. Algunas cuentan con capas de refuerzo en las zonas más expuestas que prolongan la vida útil del calzado. Asimismo, conviene saber que las costuras suelen ser las zonas por las que antes ceden las botas y que por lo tanto aquellas que tiene menos suelen ser más resistentes a la abrasión y al agua.

Es muy habitual emplear zapatillas de tenis para cualquier actividad deportiva, lo que no deja de ser un error, ya que ese calzado es inadecuado para todo aquello que se salga de su uso específico.

Bastante más útil es el calzado ideado para caminar. Existen zapatillas de trecking, de caña baja, aptas para actividades de montaña diversas. Se trata de un calzado más resistente y cómodo y mucho más funcional.

El calzado requiere un cuidadoso mantenimiento. No basta con limpiarlo a conciencia tras cada salida, además hay que tratar el cuero con cremas adecuadas que impermeabilicen la piel. El calor excesivo, la luz directa del sol o los productos químicos pueden dañar las botas. Debemos tener la precaución de secarlas y guardarlas con algo en su interior, como papeles de periódico, para evitar que se deformen.

Para determinadas ocasiones podemos necesitar otro tipo de calzado. Una vez que lleguemos al campamento y en nuestros desplazamientos por los alrededores, podemos usar las socorridas zapatillas de deporte, que nos permitirán relajar los pies y dejar secar las botas. Unas botas de trecking pueden servirnos en desplazamientos por senderos y en las aproximaciones a las zonas más escarpadas.

Por regla general, las mejores botas son también las más caras. La mejor calidad no solo nos permitirá disfrutar durante más tiempo de nuestra adquisición, sino que hará que nuestras experiencias sean más cómodas y seguras, por lo que una inversión en un buen calzado es recomendable.

Calcetines

La función de los calcetines es muy importante, y su elección y correcta colocación pueden suponer la diferencia entre un agradable paseo y una dolorosa experiencia. Los calcetines nos aíslan del frío, pero además reducen el rozamiento con la propia bota, absorben el sudor y sirven como colchón para nuestros pies.

Una larga marcha con unos calcetines demasiado gruesos terminará con el resultado de una colección de ampollas en nuestros pies que nos convertirán en unos pobres lisiados. Los calcetines deben estar siempre secos y ser los apropiados para cada ocasión.

Con las botas de montaña es aconsejable llevar unos calcetines finos de tejido liso y sin costuras. Sobre ellos colocaremos unos más gruesos. Un calcetín fino de algodón y uno grueso de lana pueden ser una buena opción. Debemos evitar los de nailon o cualquier otro material sintético.

Para terrenos irregulares donde deba protegerse el tobillo son mejores unas botas de trecking de caña más alta.

Las botas de montaña son más duras. No son aptas más que para una actividad de montaña más intensa, pues de otra forma resultan incómodas.

Al acabar la jornada o en nuestro área de descanso podemos emplear unas sandalias que resultan más cómodas.

MATERIAL DE ACAMPADA

La elección de un material adecuado condicionará nuestro confort y nuestra capacidad de afrontar cualquier inconveniente. Disfrutar de una experiencia en la naturaleza no requiere del equipo más caro ni del mismo material para todo el mundo. Habrá quien pueda pasar una semana con una navaja y quien precise de algunos lujos de la «civilización».

El equipo debe ser el adecuado y no sobrepasar ciertos límites de volumen y peso.

Todos y cada uno de ellos deben partir tras una elección adecuada del equipo que dependerá de las necesidades personales y de aquellas que surjan por condiciones particulares del momento —época del año, climatología...—, del lugar elegido como destino o del medio de transporte que vayamos a utilizar.

Siempre tendremos que realizar una selección del material. Vayamos en coche, en bicicleta, a pie, a caballo o en canoa, deberemos desestimar algún elemento del equipo para poder llevar otro más útil o mejor. La única manera de ser capaces de realizar esa selección es contar con la suficiente experiencia y los conocimientos necesarios,

lo que nos permitirá valorar correctamente nuestras necesidades y establecer una escala de prioridades. Es inútil

Con el equipo preciso nuestro campamento será un lugar agradable y cómodo donde descansar y recargar energías.

llevarse unas manoplas de piel a la playa o unas gafas de sol a una cueva. En esos casos resultará obvio pero en otros la frontera de lo necesario y lo superfluo no será tan clara.

Partamos de la base de que en ocasiones merece la pena gastarse un poco más para acceder al equipo más completo, versátil y duradero sin olvidar que por ser el más caro no tiene porqué ser el mejor, aunque por regla general suele ser así. La brújula, el saco de dormir o las botas merecerán una atención especial y supondrán una inversión necesaria que sin duda rentabilizaremos a corto plazo. En cualquier caso, independientemente del precio o de la apariencia, cada elemento tiene que servir para lo que está concebido.

En los otros capítulos hemos analizado o analizaremos algunas piezas fundamentales del equipo como los mapas, la brújula o la vestimenta, en éste nos centraremos en el equipo de acampada, es decir todo lo necesario para disfrutar y sacar el máximo partido a nuestros momentos de descanso. El lugar de acampada puede convertirse en un agradable refugio, un pequeño rincón acogedor que se convertirá en nuestro hogar durante unas horas o días. La elección del mismo es determinante para conseguir un buen descanso pero también lo es el aprovechamiento de los recursos que nos ofrece y, por descontado, el equipo con el que contemos.

La mochila

No debe ser excesivamente grande, ya que es incómoda de manejar, en los trenes no cabe en ningún sitio y llevarla a la espalda se convierte en una tarea difícil y nos obliga a hacer demasiadas paradas. El modelo pequeño es también inútil, pues por poco que se lleve, estará lleno enseguida, sin embargo son las ideales para una salida de un día. El tamaño elegido deberá ser el intermedio. Las que llevan armaduras rígidas permiten una gran carga y suelen ser cómodas. Existen otras con una armadura más flexible que les proporciona la suficiente solidez pero son más ligeras y cómodas. Si llevan un cinturón ancho, mejor

La seleción del lugar de descanso debe hacerse con antelación suficiente como para cambiar de idea si fuese necesario. De esa forma podremos calibrar las ventajas y desventajas de nuestra primera elección y así disfrutar al máximo de nuestra acampada.

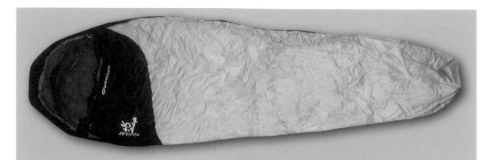

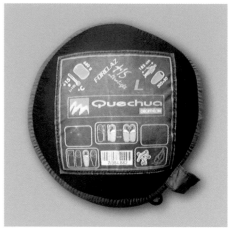

Los sacos más utilizados son los llamados «momia». Actualmente se pueden encontrar sacos específicos para determinadas temperaturas o estaciones. Los nuevos materiales hacen que se trate de sacos ligeros, cálidos y que ocupan muy poco espacio.

aún, pues el peso descansará sobre las caderas y no en la espalda. Las correas para los hombros deben ser anchas y almohadilladas. Las mochilas estrechas y largas, con mucha capacidad, tienen el inconveniente de que nos desequilibrarán y convertirán la marcha en una verdadera tortura para nuestra espalda.

Cada vez las mochilas están mejor preparadas y tienen más opciones. Existen tantos modelos que es difícil decidirse. Debemos tener muy claro el uso que se le va a dar, qué vamos a necesitar de ella y qué cosas no nos pueden faltar. Como siempre, no podemos conformarnos con lo primero que nos ofrezcan.

El saco de dormir

Como decíamos en el caso del saco de dormir, más vale gastarse un poco más que lamentarse una noche de invierno. El saco es algo imprescindible en cualquier época, supondrá la diferencia entre descansar y sufrir y, en algunos casos, entre la vida y la muerte. Por duro que sea un día, por

---

TRUCO

Llenar la mochila

El equipo y la comida debe repartirse con un orden específico. Las cosas pesadas deben colocarse en la parte de abajo, cuanto más ligeras más arriba; el saco puede ir fuera –sujeto con la misma tapa de la mochila o con unas correas especificas para ese cometido–, teniendo la precaución de meterlo en una bolsa impermeable; dormir en un saco mojado no es nada agradable. Se debe tener cuidado de no dejar los objetos duros o con aristas en la parte que va contra la espalda. Aunque al principio no moleste mucho, después de unos kilómetros no podremos continuar y tendremos que hacer una parada para arreglar lo que podía estar bien puesto desde el principio.

Los objetos que cuelguen por fuera sólo son una molestia, por lo que o bien van perfectamente sujetos y de forma que no se balanceen por su cuenta o acabaremos odiándolos y posiblemente perdiéndolos. Es frecuente ver colgando de la mochila sartenes o cantimploras, objetos peligrosos e incómodos, cuya pérdida supondrá un grave problema.

cansados que nos encontremos, un buen saco de dormir puede proporcionarnos una noche de descanso en la que repondremos energías para que el día siguiente estemos dispuestos a superar cualquier obstáculo. Un abrigo insuficiente puede ser tan molesto como uno excesivo; cada época y lugar requiere un saco de unas características. Conviene saber lo que necesitamos antes de partir.

Actualmente se pueden encontrar en el mercado gran variedad de sacos, de todos los precios, diseños y fabricados para muy diversos climas. La gran mayoría de ellos cuenta con indicaciones sobre las temperaturas máximas y mínimas para las que está destinado. Es fundamental dedicar el tiempo suficiente a la elección de este elemento y mantenerlo en perfecto estado con un mantenimiento adecuado.

Para evitar que el material del interior se compacte y con ello el saco pierda prestaciones, conviene guardarlo sin enrollar, es decir, introducirlo en su funda aparentemente sin cuidado. Lo ideal será que en nuestro hogar el saco descanse fuera de esa funda, estirado.

La tienda

Otra pieza fundamental es la tienda de campaña. El modelo canadiense era el más conocido hasta hace muy poco, y es relativamente barato comparado con otros, pero las llamadas tiendas de iglú se están convirtiendo en la actualidad en las más comunes y sus precios son ahora muy competitivos. Son tiendas más cómodas de montar, y más ligeras, además de ser también más manejables cuando están embaladas. Se debe buscar en una tienda de campaña que sea ligera, impermeable, y resistente, sin olvidar que debe contar con la capacidad que necesitamos.

Aunque no lo parezca, cualquier tienda, suele ser muy pesada después de andar con ella unos cuantos kilómetros. Si vamos en solitario no nos quedará otro remedio que cargar con ella o, para evitarlo y entretenernos, construir un refugio con medios naturales.

Por el contrario, si vamos acompañados, deberemos repartir el peso de la tienda entre los componentes de la expedición. Cuantos más seamos, mejor; uno llevará el doble techo, otro los hierros o las varillas y estaquillas, otro el suelo...

La tienda no se debe guardar mojada o húmeda a menos que queramos que se nos pudra o tengamos la intención de tener un criadero de hongos en un armario. Haremos un pequeño esfuerzo y la tenderemos hasta que se seque. Todos los desperfectos que se puedan haber ocasionado se deben arreglar antes de guardarla.

Si la elegimos correctamente, por muy pequeña que parezca, siempre tendrá la capacidad para la que ha sido fabricada. Además, después de un día de intensa actividad al aire libre, la comodidad se encuentra en cualquier sitio y momento. Si se tiene algo de experiencia, la tienda de campaña puede ser sustituida por un plástico y, con un poco de habilidad, incluso podremos construirnos una con ramas; además, esto será mucho más entretenido. Hablaremos de todo ello más adelante.

A las clásicas tiendas canadienses se han sumado los polifacéticos, ligeros y versátiles iglús, cuya infinidad de modelos hace que exista uno para cada necesidad.

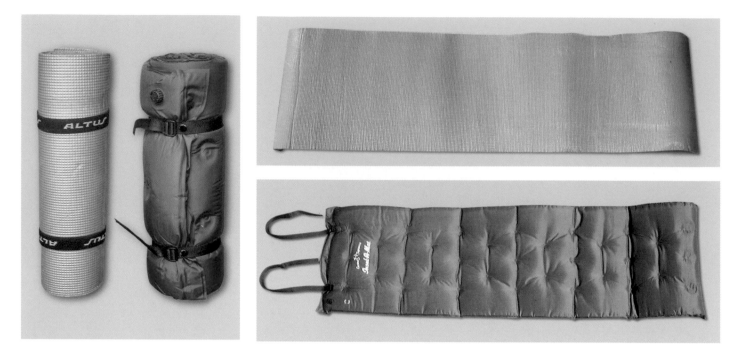

Las esterillas isotérmicas o las colchonetas inflables son mucho más que una superficie mullida donde descansar. También nos aislan del frío y la humedad del suelo.

Esterillas y colchonetas

Es fundamental aislar nuestro cuerpo del frío y la humedad del suelo. Si bien el suelo de la tienda de campaña nos librará de ellos, en parte será conveniente contar con algo más de ayuda. En los comercios se venden unos útiles específicos para eso, bastante baratos y que ofrecen una ayuda inestimable a la hora de descansar cómodamente. Las esterillas isotérmicas nos librarán de la humedad y el frío del suelo, que debemos evitar siempre. Además, algunas ligeramente acolchadas, harán del suelo un lugar más amable con nuestro organismo maltratado por la dura jornada. Aquéllas que pueden inflarse resultan más cómodas, pero también son más frágiles, pesadas, engorrosas y caras.

ÚTILES DE COCINA

Si vamos a pasar una temporada fuera de casa deberemos contar con algunos útiles de cocina básicos. Un plato, cubiertos y un vaso suelen ser suficientes. En caso necesario podríamos prescindir casi de todos ellos, pero su empleo nos permitirá disfrutar más y mejor de la comida, que además de algo necesario puede ser un agradable momento del día.

El material empleado en la elaboración de estos utensilios suele ser el aluminio por su resistencia y ligereza. Un plato puede funcionar como sartén en un momento dado y nuestra navaja como cuchillo. Pero precisaremos de un tenedor y una cuchara en muchos casos.

Los cubiertos, platos y vasos de aluminio son una de las mejores opciones si precisamos de estos útiles en nuestras escapadas. Es aconsejable sustituir el cuchillo por una navaja con hoja de sierra.

Una caja, una lata o un cinturón con unos cuantos útiles pueden ser la solución a multitud de problemas y necesidades que pueden surgir en nuestras aventuras.

La caja de emergencia y otros útiles

Este artículo es de fabricación casera y con él podremos salir adelante frente a algunos de los problemas más comunes. La caja en sí, debería ser de plástico o metálica, una de galletas, o cacao por ejemplo. Si es metálica su tapa nos servirá de espejo de señales, y el recipiente de cazo de emergencia. Es increíble la de cosas que caben en tan reducido espacio. Mi caja en particular contiene: una brújula (no muy buena, la de verdad va a parte), cordones de repuesto, cuerda fuerte (la cuerda que se usa en las cortinas es muy resistente y ocupa poco espacio, podrá soportar hasta nuestro peso —unos 75 kg.—), alambre (para infinidad de reparaciones), cuerda de arco, remaches (para arreglar la mochila, las botas, etc), hilo y aguja, botones, pegamento, pastillas depuradoras de agua, cuchilla, imperdibles, tijeras, pinzas, lápiz, una caja hermética con cerillas de tormenta, mechero, vela, papel —como papel higiénico para escribir, combustible...—, espejo —para hacer señales, peinarse...—, goma elástica —para tirachinas, torniquete—, pastillas de fuego, hornillos plegables, cinta aislante negra, bramante, manta térmica,

TRUCOS

Incluir entre nuestro equipo de cocina un rollo de papel de aluminio puede ser un acierto ya que además de su uso característico puede funcionar como reflector de señales o de calor e incluso como aislante de la humedad.

En el equipo, no deben faltar unas cuantas bolsas de basura por los múltiples usos que pueden tener. Se pueden usar para impermeabilizar todas aquellas piezas del equipo que lo necesiten, como flotadores, para hacer impermeable una cabaña que construyamos o una balsa, como polainas de emergencia, para colocarlas entre nuestro cuerpo y el suelo y aislarnos de la humedad... Para infinidad de cosas, dependiendo de nuestras necesidades y nuestra imaginación, además de su uso normal que es el de introducir en ellas los desperdicios.

Un pequeño soporte metálico y una pastilla para fuego pueden convertirse en una pequeña cocina capaz de calentar una lata de comida o hacer una sopa.

Un hornillo como el de la imagen y una pastilla de fuego son suficientes para calentar una lata. El hornillo puede sustituirse por una piedras bien colocadas, que sujeten la lata y protejan la llama del viento.

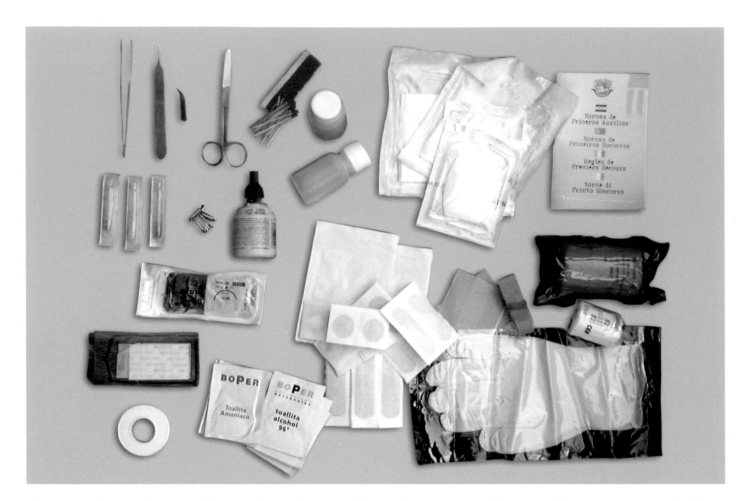

Llevar un botiquín en el equipo puede sacarnos de muchos apuros. No solo debe estar bien surtido, además debe revisarse antes de cada salida para actualizar todo aquello que pueda caducar o estropearse.

linterna, luz química, una navaja multiusos, una herramienta multiusos, una sierra, aparejos de pesca, dinero, un manual de primeros auxilios, tarjeta con código morse y alfabeto fonético internacional (plastificada), dos silbatos, barrita metálica y sierra para fuego, una pequeña baraja de cartas (y otros juegos).

Cada uno de estos objetos se han ido sumando a mi caja de emergencia en función de su uso. La pequeña baraja de cartas se añadió al resto de artículos después de una larga noche de invierno en la montaña que comenzó a las cinco de la tarde cuando una fuerte nevada nos obligó a refugiarnos hasta la mañana siguiente. En aquella ocasión con el pequeño lápiz y el papel nos fabricamos unos naipes y con ellos pudimos pasar un rato más agradable, desde entonces suelo llevarla.

Esta caja puede sustituirse por un bote, un cinturón o lo que cada uno de nosotros considere más útil y su contenido deberá responder al mismo propósito: satisfacer nuestras necesidades personales más básicas.

Botiquín

Un botiquín en el que llevaremos todo lo necesario será indispensable. Lógicamente de nada vale un botiquín repleto de medicamentos caducados, actualizarlo es fundamental. Si

Botiquín

Como mínimo deberemos llevar: vitaminas, somniferos, analgésicos, antibióticos, antihistamínicos, esterilizador de agua, pastillas contra la fiebre, pastillas contra el estreñimiento, pastillas contra la diarrea, esparadrapo, vendas, crema solar, pinzas, tijeras, bisturí, equipo de sutura, puntos de sutura adhesivos, termómetro, mechero.

Una buena navaja debe ser sólida, resistente y contar con un buen filo de sierra.

para ganar espacio nos libramos de las cajas, etc., deberemos etiquetar todo lo que sea susceptible de estropearse con el paso del tiempo.

Es fundamental también que esté ordenado y en buen estado. Deberemos buscar un maletín, una caja o un bote que protejan el contenido de la humedad y de la luz, en el que podamos encontrar lo que buscamos rápidamente, que sin ser una ni miniatura ni algo gigantesco, nos permita llevar de todo y ser capaces de transportarlo sin problemas.

Lo que se debe llevar en el botiquín dependerá de cada uno. Aunque a mí jamás se me habría ocurrido, por ejemplo, llevar pastillas contra el dolor menstrual, si he viajado como responsable de un grupo en el que había mujeres lo he incluido. Cada persona es más propensa a determinados padecimientos para los que deberá llevar tratamiento. Si bien una jeringuilla puede ser peligrosa en manos inexpertas, un diabético la necesitará cada día y dependiendo de qué clase de viaje tengamos en mente, deberemos saber usarla seamos o no diabéticos.

Lo mejor es consultar a un especialista, que nos aconsejará sobre lo más básico que no debe faltar en nuestro botiquín. Asimismo cada zona requerirá unas precauciones médicas diferentes (profilaxis contra la malaria, antídotos contra picaduras de serpiente...).

Los cuchillos de supervivencia y otros útiles y armas

A la hora de elegir un cuchillo, los de supervivencia que hay en el mercado suelen ser una de las opciones más interesantes. El clásico machete desproporcionado que lleva mucha gente para ir al campo está repleto de pegas y raramente vale para algo.

Es frecuente observar a alguien que lleva un cuchillo colgando del cinturón y que por sus dimensiones le valdría para defenderse de un abordaje pirata; suceso que raramente ocurre ya en ninguna parte. El empleo que se suele dar a estas armas es untar el foie gras, cortar el pan y exhibirlo en los paseos. Esa clase de armas son incómodas para la mayoría de los usos habituales.

Para los que salen al campo a pasar el día o un fin de semana y no pretenden vivir de lo que da la tierra, sino que van provistos de todo lo necesario, es más útil una simple navaja, indispensable también para los aventureros y supervivientes. Sé muy bien que una navaja no es tan espectacular, pero aunque no se parezca al cuchillo de Cocodrilo Dundee, nos será mucho más útil.

Las navajas multiusos, como su propio nombre indica, están cargadas de recursos, pero raramente nos serán de utilidad, pues debido a su propia naturaleza cada uno de ellos será demasiado pequeño y poco funcional. Es sin duda una herramienta que nos sacará de muchos apuros, pero la mayoría de los usos de esas navajas pueden sustituirse por artículos de nuestra caja de emergencia y

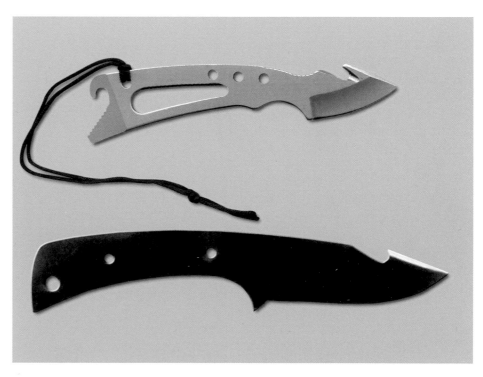

Los desolladores son herramientas muy útiles. Construidas en una sola pieza y por lo tanto de gran solidez disponen de una hoja afilada como un bisturí.

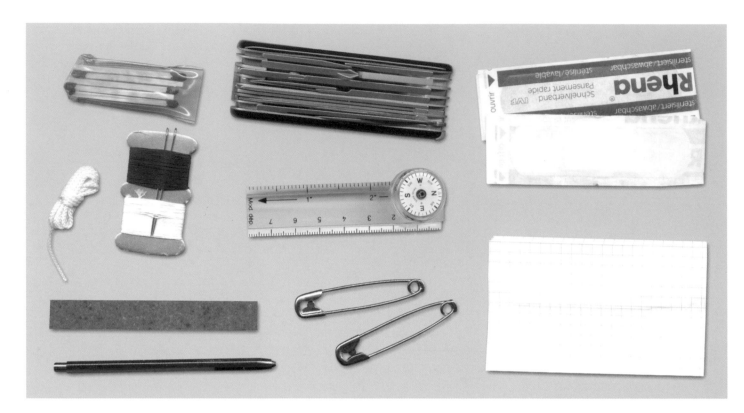

Una navaja multiusos puede sacarnos de muchos apuros si bien puede ser incómoda y peligrosa de manejar si sólo precisamos la hoja.

dejar la navaja como lo que debe ser, un útil para cortar, dotado de un buen filo que nos permita trabajar la madera, con un seguro que impida que se cierre y nos provoque una herida cuando la estemos usando y con un mango normal que pueda sujetarse con seguridad, correctamente y con comodidad. Si la hoja es demasiado grande, será más un peligro que otra cosa. Una hoja pequeña es más manejable; si posee además una sierra por uno de sus lados que nos sirva para cortar cuerdas, tendones, etc., será perfecta.

Un hacha es de gran utilidad, pero debe usarse con moderación y respeto por el entorno. No podemos ir por ahí cortando árboles y haciendo fuegos. Bastante maltratados están ya los bosques. Como norma, debemos considerar a cada árbol un individuo, por lo que cortarlo sin necesidad, usarlo de blanco o convertirlo en serrín poco a poco, además de carecer de sentido es una salvajada, penada además por la ley.

Siempre que podamos y a menos que nuestra vida dependa de ello, buscaremos ramas caídas, árboles partidos

etcétera. Contribuiremos así a despejar el suelo del bosque de material combustible que favorece la propagación de incendios y obtendremos madera seca, que arde mejor. En el siguiente capítulo hablaremos de cómo se debe hacer un fuego.

Y llegamos a los cuchillos de supervivencia. Hay varios modelos y

de distintos tamaños. Los modelos más pequeños son más prácticos casi siempre. Las ventajas de estos cuchillos son muchas, pues están ideados para darles multitud de usos, están elaborados con materiales más resistentes de lo habitual y en poco espacio acumulan un equipo muy práctico. En ocasiones, también llevan

Un hacha debe ser sólida y utilizarse con lógica y moderación.

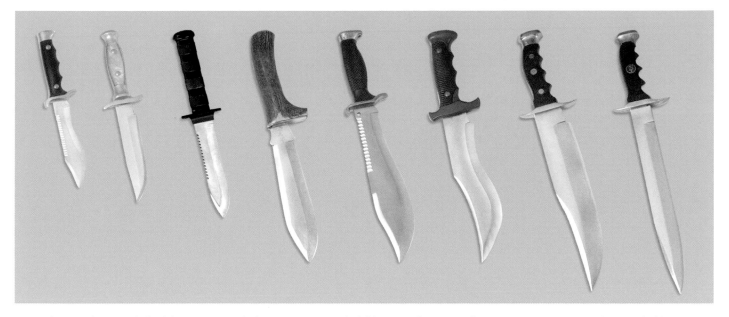

Para elegir un buen cuchillo debemos pensar de forma práctica. Indudablemente el más grande será más impresionante, pero probablemente también será menos útil. De igual forma ocurrirá con los extras que incorpore. Por regla general cuanto más llamativos también suelen ser menos prácticos. El cuchillo debe ser sólido, resistente y manejable. Si dispone de extras busquemos aquellos más útiles: un skiner, un espejo de señales, una barrita para hacer fuego o cuerda. Normalmente sacaremos más partido a una simple navaja.

cosas totalmente inútiles. Lo mejor es hacerse una idea de lo que realmente vamos a necesitar y después buscar lo que más se parezca a ella.

Es fácil dejarse llevar por los ojos y acabar adquiriendo el cuchillo más impresionante de aspecto y el más caro en lugar del más útil. En un cuchillo de supervivencia debemos buscar principalmente solidez, que la hoja pese más que el mango y que los artículos que incorpore, además de bonitos, puedan usarse de verdad. De nada nos servirá que tenga un lanzabengalas, por ejemplo, si después no hay forma de conseguir

más bengalas, o un tirachinas que solo sirva para hacernos una contusión en un dedo.

Uno de los elementos más comunes que aparecen en los cuchillos de supervivencia son los *skiners*. Este artículo es un desollador provisto de un buen filo, un mango anatómico y que puede usarse como arpón gracias a unos orificios que posee en su estructura y que permiten atarlo firmemente a un palo. Al ser de una sola pieza son extraordinariamente resistentes, van perfectamente guardados en la funda del cuchillo y pueden resultar tremendamente útiles.

Equipo diverso

Dependiendo del lugar, del tiempo que dure nuestra particular aventura y de otros muchos factores precisaremos un equipo mucho más amplio y diverso. Una pala, una cocina de gas, una caña de pescar... Las opciones son infinitas. No olvidemos en cualquier caso lo que decíamos al principio de este capítulo: el equipo debe ser el adecuado para cada circunstancia y sobre todo, eficaz.

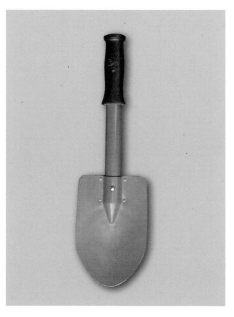

CONCEPTOS FUNDAMENTALES

- El equipo más caro no tiene por qué ser el mejor, pero es conveniente gastarse algo más en algunos elementos que son importantes como el saco de dormir o las botas.

- Cada disciplina deportiva dispone de un equipo específico que será el que debamos usar en cada caso.

- La elección del equipo requiere tiempo y mantener la cabeza fría para no dejarnos seducir por el aspecto del material en lugar de su utilidad real.

NECESIDADES PRIMARIAS

Cuando nos encontremos en la naturaleza, ya sea por elección propia o bien enfrentados a una situación en la que se encuentre en juego nuestra supervivencia, deberemos preocuparnos de cubrir nuestras necesidades primarias, es decir: obtener un refugio para protegernos de las inclemencias del tiempo, la fauna peligrosa u otros factores; fuego, para cocinar, calentarnos, como defensa o señal de auxilio; agua, principalmente para beber; y por último, alimentos.

Hasta en los lugares más inhóspitos es posible levantar un refugio cálido y agradable, que nos proporcione un buen lugar donde descansar y recuperar fuerzas. Debemos dedicar el tiempo suficiente a buscar y preparar el campamento.

Por descontado, una vez obtenido eso, si tenemos energía y recursos, el límite lo pondrá nuestra imaginación. Con esos cuatro aspectos cubiertos podremos sobrevivir en cualquier entorno y disfrutar plenamente de cualquier actividad. La falta de cualquiera de ellos nos volverá vulnerables, irritables y disminuirán con ello nuestras posibilidades de superar la experiencia con éxito o disfrutar de ella.

Unas simples vacaciones en un lugar de recreo en el que no tengamos un espacio adecuado donde descansar o donde dispongamos de unos recursos limitados, puede convertirse en una vivencia muy desagradable capaz de sacar lo peor de nosotros.

No basta con saber montar una tienda de campaña, o hacer una hoguera utilizando un mechero. Debemos ser capaces de construirnos nuestro propio refugio con los recursos que nos brinda la naturaleza y hacerlo en el lugar adecuado. Tenemos que saber hacer un fuego en las peores condiciones, debemos conseguir agua aun en el desierto o alimentarnos de todo aquello que nuestra educación y nuestros prejuicios nos harían despreciar en otras ocasiones. De todo ello hablaremos en las próximas páginas.

El fuego

Hace medio millón de años, nuestro antepasado el homo erectus, ya utilizaba el fuego, lo que le define con toda seguridad como un hombre inteligente. Desde el período Acheulense, en el Paleolítico Inferior, hasta nuestros días, el fuego no ha dejado de acompañarnos. Ha sido fundamental a la hora de cocinar alimentos y proporcionarnos calor. Por todo ello, y tras 500.000 años con nosotros, se ha convertido en un factor determinante del bienestar y la comodidad.

Una hoguera nos proporciona calor, luz y seguridad.

En nuestros hogares parece que ya no usamos el fuego y que en muchos casos lo hemos sustituido por la electricidad. Sin embargo, hasta la misma denominación de hogar procede del lugar donde se coloca el fuego. En nuestros calentadores de agua siguen ardiendo las llamas y en la mayoría de las cocinas también.

Algunos sociólogos aseguran que cuando llegamos a casa y encendemos el televisor únicamente para que nos haga compañía estamos respondiendo a la necesidad milenaria de la comodidad y la seguridad que ofrece una hoguera. En alguna ocasión en la que he tenido la suerte de acercarme a otras culturas en las que la televisión no es algo tan cotidiano, he podido ver cómo las familias se sientan en círculo a su alrededor y el aparato se encuentra en el centro de la estancia y no contra una pared como es nuestra costumbre.

Con todo lo anterior, sólo quiero demostrar que el fuego, además de ser importante para nuestro cuerpo, también lo es para nuestra mente, proporcionándonos la sensación de estar en casa, a pesar de lo lejos que podamos encontrarnos de ella. Incluso en verano, cuando cae la noche y nos rodea la oscuridad, una hoguera proporciona

La humedad, el viento, la falta de combustible o sus características pueden dificultar en extremo la tarea de encender fuego.

tranquilidad y bienestar. Es posible que aún permanezcan en nuestra memoria genética aquellas noches primitivas en las que el círculo de luz que arrojaban las llamas era una garantía de seguridad.

Cuando estamos en la ciudad, no hay nada más fácil que encender fuego, los fumadores lo hacen varias veces cada día sin concederle importancia. Contamos con mecheros, cerillas y todo tipo de combustibles, además de estar protegidos del viento, la humedad y con la seguridad de que, si ocasionalmente nos falla uno de esos sistemas, sólo tendremos que utilizar otro o, en el peor de los casos, bajar a la tienda y comprar un nuevo mechero o más cerillas.

Sin embargo, en la naturaleza, si tenemos la suerte de poseer cerillas, nos enfrentaremos a varios problemas. El combustible puede estar mojado, el viento o la lluvia nos impedirán mantener encendida una cerilla —igual que a los fumadores en la calle— y cada fósforo, sin pecar de exagerado, puede ser vital. Además, hacer un fue-

go no es tan fácil como parece.

En el campo, en un día soleado, se puede ver a familias enteras haciendo la comida para disfrutar de una jorna-da en la naturaleza. Para ello algunos disponen de barbacoas portátiles, car-bón vegetal, hornillos eléctricos que se enchufan al mechero del coche, de

Diversos fenómenos naturales pueden producir fuego, pero ¿cómo obtenerlo nosotros sin los recursos de la vida civilizada?

gas, etc. Hay otros que simplemente hacen una hoguera. Analizando la forma de hacer fuego de muchos de ellos, descubriremos lo que no se debe hacer jamás.

Lo primero que debemos saber es que el fuego lo debe hacer una persona responsable y que es necesaria cierta habilidad o acabaremos por ahogarlo, apagarlo, provocar un incendio o un accidente. Un fuego jamás debe abandonarse o descuidarse. Siempre lo apagaremos antes de dormir o marcharnos.

Para hacer un fuego, lo primero que debemos tener son cerillas o un mechero —más adelante explicaré cómo conseguirlo sin esos preciados bienes—. Es aconsejable llevar las cerillas en un recipiente impermeable, como los de los carretes fotográficos o similares. Si lo hacemos así no olvidemos colocar en la parte interior de la tapa un pedacito de papel de lija que nos sirva de rascador. Aunque no suelan estropearse a menudo, es conveniente proteger también los mecheros de gas. Los mecheros de gasolina tienen más encanto, nos hacen parecer más expertos y bohemios y, probablemente, también nos fallen en el momento de la verdad. Por norma consideraremos cada cerilla, o cada llama de nuestro mechero, como si fuese la última. Nunca se sabe cuántas veces lo necesitaremos y es mejor prevenir que curar.

Tener con que encender un fuego no nos garantiza conseguirlo, igual que poseer un arco no nos garantiza una cena. La elección y empleo del combustible serán determinantes del éxito. Como práctica, sólo nos queda una cerilla y de ella depende cenar y pasar la noche calientes. En algunos manuales de supervivencia se recomienda partir por la mitad las cerillas para duplicar las oportunidades. Lo más fácil siguiendo este consejo es que las reduzcamos también a la mitad, pues la mayoría de las cerillas divididas, pierden su fósforo, se parten al encenderlas o cosas similares que las inutilizan.

Primero debemos buscar algo para encender el fuego. El principio de

Antes de encender un fuego buscaremos combustible suficiente y apropiado, limpiaremos la zona y tomaremos las máximas precauciones.

TRUCO

Si durante el entrenamiento o en condiciones meteorológicas adversas, necesitamos conseguir un fuego de forma más segura, tendremos más posibilidades utilizando una vela. Este artículo nunca debe faltar en nuestro equipo. Con una sola cerilla a veces podemos tener problemas para encender un fuego, pero seguro que somos capaces de encender una vela. Con ella tendremos una llama continua que podremos aplicar sobre un mismo punto durante el tiempo suficiente como para prender la madera.

Sólo una cosa: una vez que se haya encendido el fuego, lógicamente la sacaremos de allí, o se derretirá. Este método es muy efectivo con madera húmeda, combustible malo o algo de viento, una vela siempre aguanta más que una cerilla pero habrá que protegerla igualmente del aire.

toda hoguera es algo concreto, si disponemos de papel, perfecto, pero si no, buscaremos ramitas secas muy finas, más o menos del grosor de la cerilla y las colocaremos apoyadas en otra más gruesa y en diagonal, de forma que podamos aplicarles la llama desde abajo. La llama debe permanecer fija en un mismo punto hasta que prenda, momento en el que iremos añadiendo más ramitas finas. Poco a poco colocaremos ramas más gruesas hasta obtener así una hoguera decente. Nuestro objetivo debe ser hacer esto con una sola cerilla.

Las ramas húmedas pueden secarse colocándolas cerca de la hoguera, si el fuego es lo bastante fuerte, arderán de todas formas, incluso si las sacamos de debajo del agua, aunque esto no es nada recomendable y produce mucho humo.

En caso de no tener cerillas ni mechero, la cosa se complica y necesitaremos más práctica. Lo primero es conseguir un combustible más propenso a arder que unas ramitas secas, ya que los sistemas que vamos a emplear necesitarán de toda nuestra ayuda. Necesitaremos yesca, o lo que es lo mismo, fibras vegetales o textiles, hierba seca, musgo, cabellos, etc. Los excrementos secos suelen ser muy bue-

Diversos útiles para iluminarnos o hacer fuego.

nos combustibles, muy apreciados en algunos lugares del mundo. El polen de los chopos es un excelente combustible que arde con facilidad con una simple chispa. Antes de intentar prender esos materiales hay que proteger la zona de trabajo del viento.

El método de la lupa no es tan sencillo como se suele creer y personalmente no me creo que algún incendio forestal se provoque accidentalmente con un cristal de botella y un rayo de sol. Con yesca adecuada y una buena lupa, tardaremos un ratito en conseguir que aquello arda lo suficiente como para poder hacer una hoguera, más aún si se trata de un simple cristal, que no sólo debe estar orientado correctamente y tener unas facultades de las que los cristales de botella habitualmente carecen, sino que además sólo dispone de unos segundos para hacer su labor, ya que el sol se mueve y no mantiene su luz concentrada en un mismo punto.

Si no tenemos lupa, tal vez tengamos una cámara, unos prismáticos, unas gafas, un reloj o cualquier otro objeto que nos permita utilizar sus lentes. Si es nuestra vida lo que está

El método de la lupa no es tan fácil como puede parecer. Necesitaremos una buena yesca y paciencia.

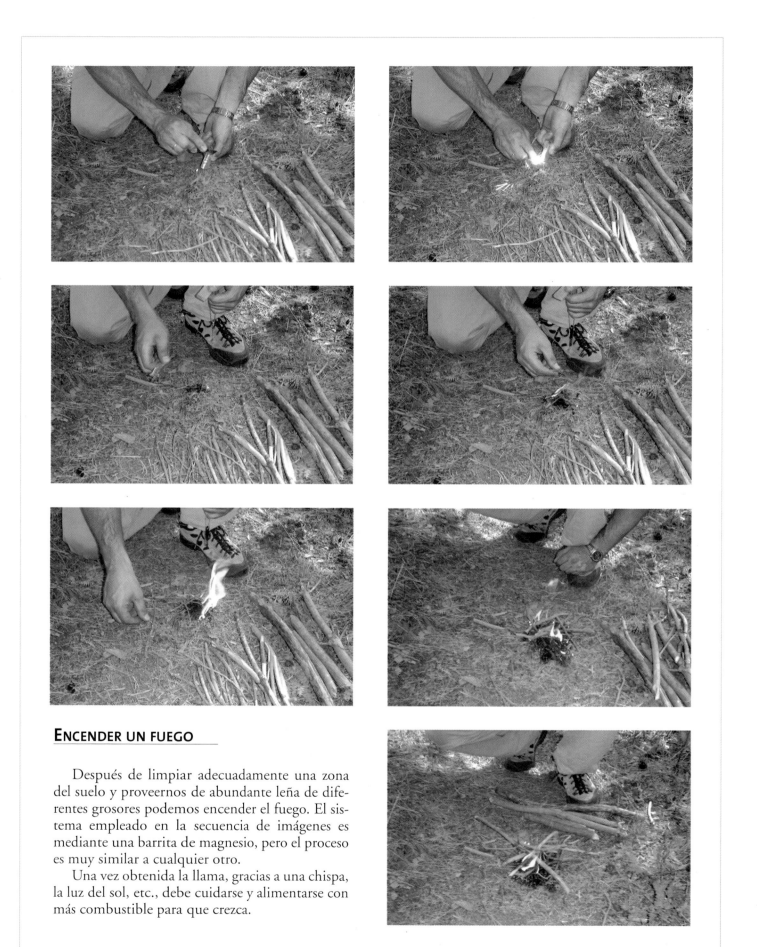

ENCENDER UN FUEGO

Después de limpiar adecuadamente una zona del suelo y proveernos de abundante leña de diferentes grosores podemos encender el fuego. El sistema empleado en la secuencia de imágenes es mediante una barrita de magnesio, pero el proceso es muy similar a cualquier otro.

Una vez obtenida la llama, gracias a una chispa, la luz del sol, etc., debe cuidarse y alimentarse con más combustible para que crezca.

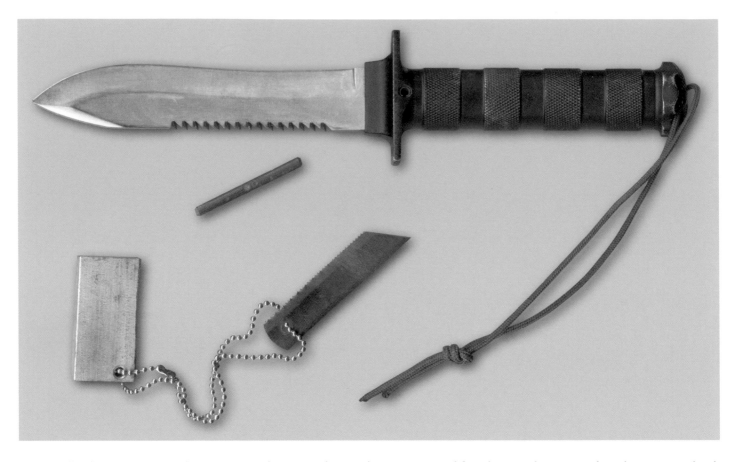

Los cuchillos de supervivencia suelen venir equipados con una barrita de magnesio que al frotarla contra la sierra produce chispas y, con algo de habilidad, también fuego.

en juego, podemos desmontar la cámara o los cristales de las gafas, unir dos lentes cóncavas, colocando sus caras convexas hacia afuera y rellenar el espacio interior de agua, fabricándonos así una lupa. Si no nos apellidamos McGyver, lo mejor es llevar una lupa, pues el método anterior, sin ser imposible, es en extremo complicado.

Los cuchillos de supervivencia suelen incluir una barrita metálica cuyo propósito es facilitarnos la tarea de hacer fuego. Frotando la sierra del cuchillo contra ella obtendremos unas chispas hermosas capaces de prender la yesca e incluso nuestra ropa si no tenemos cuidado. Si carecemos de la barrita, que suele ser de magnesio o una aleación de hierro y cerio, podemos utilizar una piedra, preferiblemente pedernal. Las chispas deben caer sobre la yesca sobre la que deberemos soplar suavemente para conseguir una llama. El proceso después es igual al que

seguíamos si tenemos cerillas, es decir, colocar ramitas cada vez más gruesas, poco a poco, hasta obtener una hoguera.

Una vez hemos obtenido el fuego debemos conservarlo. Si mantenemos la hoguera, aunque solo sea una brasa, podemos hacer otro fuego. Si debemos desplazarnos podemos llevar en la mano una rama cuyo extremos permanezca en brasas y que se avivará con el aire de nuestra marcha. También podemos llevar algunas brasas en una lata, en la que previamente practicaremos unos agujeros. Estos sistemas también requieren algo de experiencia. Por regla general una hoguera bien dispuesta conserva sus brasas hasta la mañana siguiente. Sólo hay que removerla un poco, colocar nuevas ramas y esperar.

Sirviéndonos de los refranes populares, diremos que «el fuego en cruz, ni calienta ni da luz». Aunque sea una verdad a medias pues en la realidad

mientras haya ardiendo unas cuantas ramas nos sentiremos perfectamente. Aunque para aprovechar al máximo las posibilidades del fuego, nos colocaremos de espaldas a una roca, que sirva de reflector del calor y nos caliente incluso por la parte que no hay fuego. Con papel de aluminio también se puede conseguir el mismo efecto. Si colocamos piedras que formen una pantalla y refleje el calor en nuestra dirección, estaremos aún mejor.

Precauciones

Hablando de fuego, hay que dedicar también unas palabras a las precauciones que debemos observar. Si nos encontramos en una zona en la que está prohibido hacerlo y nuestra vida no depende de ello, debemos respetar la ley. Siempre, y en cualquier circunstancia, despejaremos de material combustible las inmediaciones de la hoguera y marcaremos sus límites con piedras o con un agujero

Sistema primitivo para encender fuego

Uno de los sistemas primitivos para obtener fuego es el de frotar dos maderas. Éste en particular requiere mucha práctica, por lo que es mejor dominarlo antes de necesitarlo de verdad. Conociéndolo bien nos proporcionará fuego en menos de cinco minutos, en caso negativo, la cosa puede prolongarse mucho más, aunque la ventaja es que mientras lo intentamos estaremos calientes por el ejercicio necesario para conseguirlo.

Para lograrlo necesitamos una madera base, preferiblemente blanda, en la que practicaremos una depresión o un agujero que no llegue a traspasarla.

Desde el agujero se hace un surco hacia el exterior, a través del cual llegará el aire a nuestro intento de fuego. Necesitamos después una vara de madera dura que colocaremos en el agujero y haremos girar con la palma de las manos.

Lo que pretendemos es calentar la madera mediante frotación, por lo que cuanto mayor sea la velocidad con que giramos las vara y la presión de la misma sobre la base, antes obtendremos resultados. Si la vara lo permite, se puede colocar una piedra sobre su parte superior que nos ayudará a presionar la misma contra la base.

Para aumentar la velocidad de la rotación y simplificar las cosas podemos ayudarnos de un arco para hacerla girar. Cuando aparezca un hilillo de humo y tras él la primera señal de fuego deberemos soplar suavemente a través del surco. Obtendremos así una pequeña brasa que se debe colocar sobre la yesca y luego seguiremos con el proceso normal.

Este mismo sistema se puede emplear sustituyendo el movimiento de rotación, por otro de arriba abajo, sobre una ranura larga en lugar de un agujero.

Como hemos avisado no son sencillos de realizar a la primera y requieren práctica.

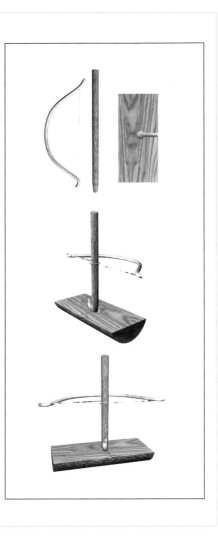

excavado en el suelo. Si las piedras son de un río, cuidado, pueden tener agua en su interior y, literalmente, explotar.

Como decíamos unos párrafos atrás siempre apagaremos el fuego cuando nos marchemos y nunca lo dejaremos sin vigilancia. La proliferación de incendios es conocida por todos y trágica para los bosques, sus habitantes y los amantes de la naturaleza. Los lectores de libros como este no necesitan charlas sobre este tipo de cosas, pues, por regla general, son respetuosos con el entorno en el que se desarrollan sus actividades, pero a pesar de todo no está de más recordarlo.

Cuidado con las piedras que saquemos del río, pueden tener agua en su interior y, literalmente, explotar.

El agua

El agua es fundamental para la supervivencia de los seres vivos por multitud de motivos. Mientras que podríamos pasar sin comer un tiempo asombroso, si nos faltase el agua unos pocos días moriríamos. Veamos cómo obtener agua y cómo conservar la que tenemos en las condiciones más adversas.

La vida surgió en nuestro planeta hace 3.500 millones de años, cuando éste se agitaba bajo las erupciones volcánicas y los temblores sísmicos. El vapor de agua, procedente de los magmas, formaba parte de la atmósfera primitiva, donde, junto a otros gases como el metano, el amoníaco, el hidrógeno, el helio, el neón, etcétera, se formaron las primeras moléculas orgánicas.

La licuación del vapor de agua dio lugar a los ríos, los lagos y los océanos. Desde entonces, siempre ha habido la misma cantidad de agua, lo único que ha variado ha sido el recipiente donde ésta descansa, en cualquiera de sus tres estados. El 71% de la superficie de la Tierra está cubierta de ella y millones de toneladas, en forma de vapor, flotan en la atmósfera. El volumen de agua en la Tierra se estima en unos 1.460 millones de kilómetros cúbicos.

Fue en los océanos y mares primitivos, donde esas moléculas orgánicas pudieron dar paso a los primeros seres vivos. Esto fue posible, en gran medida, gracias a las particulares propiedades del agua. Millones de años después, desde un punto de vista científico y tras el proceso evolutivo, llegaron las formas de vida que hoy día conocemos, y por supuesto el hombre. Todos los seres vivos existentes en nuestro planeta, proceden de ese caldo de cultivo formado por las moléculas primitivas y las reacciones de las mismas en aquel medio.

Tales de Mileto, en el siglo V a.C., afirmó que el agua era la sustancia original a partir de la cual todas las demás estaban formadas. Aristóteles, la incluyó entre los cuatro elementos básicos, junto con la tierra, el aire y el fuego. En el siglo XVII, Isaac Newton escribió su tratado *De Natura Acidorum*, dónde sostenía que todo cuerpo podría ser reducido a agua. Pero no fue hasta el siglo XVIII cuando se reconoció que los elementos básicos de Aristóteles eran mezclas de especies químicas y el fuego, una manifestación química de otro elemento. Lavoisier en Francia y Cavendish en Inglaterra, lograron descomponer el último de los

elementos, el agua, en oxígeno e hidrógeno, dando así el primer paso para su estudio científico.

Podemos encontrarla en la materia viva de tres formas diferentes como: agua circulante, por ejemplo en la sangre; como agua de imbibición; y como agua combinada que aparece en las reacciones químicas. Sus propiedades se deben a la estructura,

Aristóteles incluyó el agua entre los cuatro elementos básicos, junto con la tierra, el aire y el fuego.

composición, e interacción de sus moléculas, formadas por un átomo de oxígeno y dos de hidrógeno.

Sus características fundamentales hacen de ella un excelente estabilizador térmico de los seres vivos frente a cambios bruscos de temperatura. Es uno de los mejores disolventes que existen por lo que se hace indispensable en la captación de sales minerales en las plantas y en la digestión de los alimentos, es más, prácticamente todas las reacciones biológicas se dan en este medio. Es el medio de transporte de las sustancias desde el

de azúcar. Sin agua sus posibilidades son de unos pocos días.

El problema de no tener agua no sólo estriba en encontrarla sino también en no perder la que tenemos almacenada. Una persona normal puede perder entre 2 y 3 litros diarios. Si podemos prever que se nos acaban las reservas de agua y no va a ser fácil encontrar un pozo o una fuente, debemos preparar a nuestro cuerpo para lo que se avecina. El primer día lo pasaremos sin beber aunque tengamos todavía algo de agua. De esa forma nuestro organismo se preparará para lo que vamos a exigir de él y aprovecharemos al máximo lo que nos quede y podamos conseguir.

La forma de racionar nuestra reserva exterior es sencilla y sólo requiere de un poco de fuerza de voluntad. Como norma dividiremos lo que nos quede en dos partes y consumiremos la mitad de una de esas partes antes de emprender la búsqueda de más agua, y beberemos el resto poco a poco durante la marcha y al parar a descansar. Si al cabo de la jornada no hemos tenido éxito, dividiremos lo que nos queda en dos partes iguales y vuelta a empezar. Este sistema aparece en varios libros de supervivencia y sirve tanto para nuestra condición física como psíquica. El hecho de tener agua y no beberla a propósito por estar siguiendo un plan, nos hará sentir mejor, dueños de la situación y con fuerza para lo que haga falta.

exterior al interior del organismo y dentro del propio organismo. La presión del agua en las células realiza una función estructural en las mismas que permite su funcionamiento. Se encuentra asimismo, por ejemplo, en el líquido sinovial, que evita el roce entre los huesos, realizando así una función mecánica amortiguadora.

Además de la importantísima función del agua en nuestro organismo, diariamente empleamos y consumimos una cantidad asombrosa de agua. Por poner un ejemplo, en 1982 en la Ciudad de México, había una demanda de 360 litros de agua por habitante y día.

Entre el sesenta y el setenta por ciento del peso de un ser humano adulto está formado por agua, por lo que no sólo es nuestra fuente de vida, sino que de ella depende nuestra existencia. Se trata por tanto de un elemento fundamental, vital e indispensable para sobrevivir. Una persona sana podría pasarse un mes sin comer sin padecer secuelas siempre que pudiese beber agua con un poco

Las moléculas de agua se componen de dos átomos de hidrógeno y uno de oxígeno.

Si tenemos mucha sed, es fácil olvidar precauciones que en otras circunstancias observaríamos y que sin embargo pueden resultar fatales en caso de carecer de agua. Sobrevivir no es sólo una cuestión de valor para hacer cosas que normalmente no haríamos. Sobre todo en el caso del agua deberemos usar nuestra inteligencia y tener mucho cuidado.

Así por ejemplo, no debemos beber nunca el agua del radiador del coche pues, por regla general, está mezclada con anticongelantes muy venenosos capaces de quitarnos la sed de forma definitiva y eterna. La orina sólo nos dará más sed, pues actúa de diurético y será contraproducente. Pero tampoco debemos deshacernos de ella a la ligera, pues contiene agua que puede recuperarse, como se explica más adelante.

El agua de mar puede, literalmente, bloquear los riñones y provocar la muerte entre espantosos dolores. En

Es necesario beber en abundancia. En condiciones normales podemos perder entre dos y tres litros diarios, por lo que en circunstancias adversas la cifra puede ser alarmante.

La falta de agua supone un duro impacto para los ecosistemas, los cultivos y el propio hombre.

Debemos vigilar de donde bebemos. Si en las cercanías hay alguna industria contaminante el agua puede no ser potable.

casos extremos se podría beber como máximo medio litro diario en sorbos pequeños y espaciados y a ser posible mezclada a partes iguales con agua dulce.

Las aguas residuales o contaminadas puede que nos quiten la sed en

ese momento, pero poco después nos provocarán diarreas y vómitos con lo que nos deshidrataremos. Se pueden recoger para destilar de alguna de las formas que explicaremos más tarde.

Si en nuestra búsqueda de agua la

encontramos de alguna de las formas anteriores, no la beberemos, pero la recogeremos por si acaso. En el caso del agua del radiador del coche, lo mejor es dejarla donde está. Mientras buscamos no debemos perder el poco agua que nos queda. Como hemos dejado de beber la primera jornada de falta de agua, no eliminaremos demasiado líquido, pues el cuerpo sabe que debe conservarlo. Aun así hay que seguir otras normas.

Si hace frío debemos abrigarnos bien, no sólo por comodidad sino también para ahorrar líquidos. El frío corporal requiere calorías que extraerá de nuestras reservas de grasa o bien nos exigirá alimentos, que a su vez precisarán de agua que es precisamente lo que nos falta. Estar bien abriga-

Si no estamos correctamente abrigados necesitaremos más agua. No debemos beber el agua obtenida de la nieve o el hielo pues carece de los minerales necesarios. En caso de tener que hacerlo es conveniente añadirle sal o mezclarla con las cenizas de la hoguera.

En condiciones de temperaturas extremas nuestro consumo de agua puede dispararse.

dos y reducir nuestra dieta nos harán ahorrar líquidos.

Por el contrario, si hace mucho calor nos protegeremos del sol con ropa de color claro y evitaremos exponer la piel y sobre todo la cabeza a su acción directa. Caminaremos al atardecer, durante la noche y al amanecer, procurando no movernos en las horas de más calor. La clásica caminata de los héroes de las películas a través del desierto que culmina tras un tremendo esfuerzo y decenas de kilómetros recorridos desplomándose sobre la arena, dura en realidad quince minutos y supone una distancia de 500 metros. Una excursión a pie por el Erg Chebby, en el Sahara, nos demostró, fuera de toda duda, la importancia del agua y la fragilidad del cuerpo humano. Cada persona del grupo consumió más de doce litros de agua ese día y a pesar de disponer de toda la que queríamos la sensación de angustia por su posible falta era continua. Descubrimos que es mejor beber varios sorbos más a menudo, que un trago largo de vez en cuando. Si se bebe mucho de golpe o se toma agua muy fría, sudaremos en exceso.

Es fundamental contar con algo que proteja nuestra cabeza de una exposición demasiado prolongada al sol.

Las cuevas suelen disponer de cursos activos de agua en la mayoría de las ocasiones.

Para combatir la sed es recomendable masticar algo, tener una pajita entre los labios o una piedrecita en la boca, lo que nos hará producir saliva y nos aliviará la sed.

Si se nos agotan las reservas y no encontramos agua, deberemos obtenerla como sea. Hay diversos métodos, emplearemos unos u otros dependiendo de si vamos a establecernos en un campamento o vamos a continuar la marcha.

Antes de procurarnos agua por medio de algún método complicado o lento intentaremos buscarla. Ya que para ahorrar líquidos es mejor caminar por la noche, en la oscuridad podemos pasar por alto algún riachuelo, un pozo o una fuente. El amanecer y al atardecer serán nuestras mejores opciones y si caminamos en la oscuridad deberemos recurrir al resto de nuestros sentidos. Es fácil escuchar el rumor o el goteo del agua.

Los animales encuentran el agua de forma instintiva, pero aunque normalmente el hombre en la naturaleza haga bastante el burro, la capacidad de encontrar liquido es una de las que ha perdido. Afortunadamente nos queda nuestra inteligencia. Los cauces secos aún pueden albergar agua bajo la superficie de tierra. Elegiremos las orillas cóncavas para excavar. En te-

Los animales encuentran agua sin dificultad sirviéndose de sus sentidos. El ser humano ha perdido esa capacidad pero cuenta con un arma inmejorable para obtener y conservar el agua: su cerebro.

rrenos calizos es posible escuchar corrientes subterráneas aplicando el oído al suelo. Si somos capaces de seguir el sonido llegaremos al lugar donde surge el manantial. En esos terrenos son bastante frecuentes las cuevas que casi siempre, a menos que se trate de una cueva fósil, albergan agua en su interior.

En terrenos graníticos buscaremos la zona húmeda mas baja y excavaremos en busca del agua. Hay que tener siempre en cuenta que los ejercicios físicos intensos como excavar un pozo no pueden realizarse en condiciones de mucho calor, pues en ese caso podemos perder mas agua de la que consigamos.

Si encontramos un camino, seguirlo puede conducirnos a una fuente o un manantial. En los pueblos abandonados suele haber fuentes de agua potable. Igual que una fila de cipreses nos indica desde lejos la presencia de un cementerio, la vegetación propia de las zonas húmedas nos señala en la distancia la presencia de un río, un lago, etc. Son árboles y plantas indicadoras de agua los chopos, los juncos o los sauces.

En caso de no encontrar agua de alguna de esas formas deberemos esforzarnos un poco más y recurrir a otros sistemas. Es posible obtener líquido de muchas plantas. La savia se puede beber y nos proporcionará el

Incluso el agua no potable puede servirnos para obtener agua destilada. Si desconfiamos de algún arroyo no dudemos en recoger el agua para destilarla más tarde.

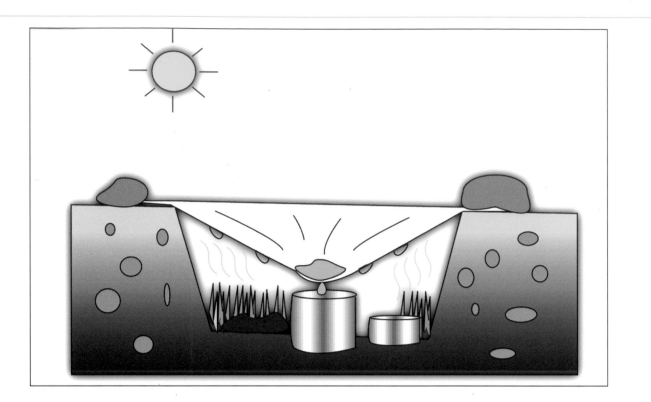

TRUCO

El agua no potable puede servirnos al igual que la orina o el agua de mar si construimos un destilador con un plástico. Para ello hay que excavar un pozo de aproximadamente un metro de diámetro y medio de profundidad en el que colocaremos prendas húmedas, líquidos no potables, hierba, etc. Colocaremos en el fondo un recipiente, y sobre el conjunto un plástico. En su centro pondremos con cuidado una piedra que haga inclinarse la superficie interior y que coincida con la ubicación del recipiente.

Este invento es tremendamente útil si se realiza correctamente y puede proporcionarnos alrededor de medio litro de agua al día, el proceso es muy simple, el sol calienta el conjunto y hace evaporarse el agua contenida en la tierra, la ropa, etc., que se condensa en el plástico y resbala hasta el recipiente. Si vamos a permanecer varios días podemos colocar un tubito de goma para recoger el agua y no interrumpir el proceso que será más eficaz en su segundo día. A partir del tercero si vamos a permanecer en el mismo lugar deberemos repetir el proceso.

líquido que nos falta. Debemos tener la precaución de no beber savia lechosa o rojiza o aquella que tenga un sabor picante o amargo.

En caso de vernos obligados a beber agua de nieve o hielo, la derretiremos previamente y la mezclaremos con un poco de sal, ceniza o un poco de arena, pues el agua destilada, el agua de lluvia y la que obtenemos de la nieve carecen de sales minerales y

El agua nos proporciona además el principal instrumento para nuestra higiene y a su alrededor siempre habrá alimento.

no son beneficiosas. Tras mezclarlo bien y removerla al aire para que se oxigene podemos beberla.

Si somos capaces de cazar y carecemos de agua no debemos dudar en aprovechar la sangre de nuestra presa y otros líquidos, como los jugos intestinales. En manjares tan exquisitos puede residir nuestra salvación.

Podemos recoger el rocío de la mañana extendiendo sobre la hierba plásticos y todo cuanto tengamos a mano. Si el clima lo permite, un baño evita la evaporación del agua corporal. Manteniendo la ropa húmeda conseguiremos el mismo efecto, por lo que si encontramos agua, claramente no potable, también puede ayudarnos de esa forma.

Para depurar el agua también podemos emplear pastillas potabilizadoras que por el gusto que dejan en el agua nos harán beber menos y ahorrar líquido. Una gotas de lejía hacen el mismo efecto. Conviene hervir previamente el agua entre cinco y treinta minutos. Existen asimismo destiladores de agua, filtros y otros útiles diversos que nos facilitarán esa tarea.

Aunque no es recomendable beber de cualquier parte, ni encontrar un río significa que tengamos agua potable, si tenemos mucha sed nos convenceremos de que es agua y se puede beber y acabaremos saboreándola aunque veamos una vaca muerta flotando en la charca que hemos encontrado. Lo mejor es entrenar nuestro organismo para afrontar esas situaciones. Si se sale a menudo a la naturaleza el cuerpo se acostumbra a los distintos tipos de agua y soporta mejor los perjuicios que pueden representar las aguas contaminadas.

Lorenzo Mediano, en un monográfico de *Integral* sobre supervivencia, describe la mejor manera de acostumbrar el cuerpo a todo tipo de aguas. Para ello podemos llenar una botella con limo de río, trozos de carne, insectos muertos y hojas. Este curioso preparado lo dejamos

Donde hay agua, siempre hay vida.

al sol para que macere y luego lo metemos en la nevera. Nuestro propósito es vacunarnos poco a poco con dosis cada vez mayores del preparado cada día hasta que consigamos beber cualquier cosa. Si en algún momento aparece diarrea, lo mejor es interrumpir el entrenamiento y retomarlo un par de semanas después. Es conveniente también avisar a la familia de nuestras prácticas, pues no todos se tomarán con tanta ilusión los entrenamientos de supervivencia. Mi familia no lo hizo, por algún motivo no querían tener la botella con agua y materiales en descomposición junto con el resto de alimentos.

EL REFUGIO

La elección de un buen lugar depende de muchos factores, tiempo de estancia, belleza, seguridad, tranquilidad, necesidades... Para hacer una buena elección debemos establecer unas prioridades y antes incluso, disponer de tiempo para elegir bien el sitio.

Es frecuente entre aquellos que tienen un espíritu nómada, intentar aprovechar al máximo el día, recorrer la mayor distancia posible o ver el mayor número de paisajes en una jornada, para luego encontrarse con que ha caído la noche y es difícil hallar un lugar para montar el campamento. También puede ocurrir que una persona más sedentaria elija, sin buscar demasiado, un lugar y no se mueva de él a pesar de que no satisfaga todas sus necesidades.

La elección de un buen campamento debe hacerse con tiempo suficiente, mientras aún hay luz y asegurándose de que cumpla unas condiciones mínimas. Por ejemplo, si necesitamos agua, intentaremos buscar un lugar próximo a un manantial o un río, lo bastante alejado de él para huir de la humedad y lo bastante cercano como para poder abastecernos de todo el agua que necesitemos sin un esfuerzo excesivo. Si ante todo necesitamos descanso, las condiciones del terreno y la ubicación del lecho serán los argumentos con más fuerza para elegir uno u otro sitio.

Cada persona necesitará ciertas cosas para descansar correctamente. Mientras algunos son capaces de dormirse pase lo que pase y de cualquier manera, otros no descansarán cómodos si en las inmediaciones hay un cementerio, por ejemplo. En cualquier caso y como veremos en el recuadro «Montaje de la tienda de campaña», el suelo despejado de piedras o palos que nos impidan descansar y preferiblemente nivelado. Un árbol grande y frondoso nos protegerá del rocío y la lluvia.

Si vamos a pasar una sola noche, no necesitaremos ser tan exigentes como si pensamos establecernos unos días. Dormir una noche arrullados por el rumor de una cascada puede ser relajante y romántico, pasar tres días nos hará enloquecer y quedarnos medio sordos. En un campamento provisional para pernoctar buscaremos comodidad y seguridad, mientras que en otro más duradero, factores como la belleza cobrarán algo más de importancia.

Que un lugar sea agradable a la vista influirá de forma decisiva en nuestro estado de ánimo y en el del grupo. La seguridad también es esencial. Además de cuidar de no estar en el cauce de un río que puede desbordarse o bajo varias toneladas de nieve a punto de convertirse en un alud, la seguridad puede depender de lo que nos ha llevado hasta esa situación, de nuestro estado físico e incluso de la temperatura. En la cima de una montaña no corremos peligro de ahogarnos, ni de ser arrollados por un desprendimiento o un alud, pero estaremos expuestos a un frío intenso y al aire. Si por el con-

Con práctica podemos elaborar una estructura que nos proteja del viento y la lluvia en unos pocos minutos. En cualquier caso es recomendable disponer de tiempo de sobra antes de que caiga la noche, por lo que deberemos ser previsores y comenzar a trabajar cuando dispongamos de suficiente luz.

Cualquier animal puede sentirse atraído por el olor de nuestros alimentos. Algunos, como los osos, pueden suponer un serio problema.

El agua y la linterna deben estar próximos a nosotros mientras descansamos.

trario elegimos la parte más baja de un valle encontraremos más humedad. Una zona intermedia sería la mejor elección.

El equipo debe estar colocado a nuestro alrededor de forma que no nos impida descansar pero que esté disponible rápidamente en caso de emergencia. Saber donde está todo y ser capaces de levantar el campamento en el menor tiempo posible también son detalles a tener en cuenta. Un incendio, un río desbordado o multitud de otras razones, pueden obligarnos a abandonar la tibieza de nuestro saco y recoger lo más deprisa posible.

Cada objeto que creamos necesario estará próximo a nosotros. Con frecuencia necesitaremos una linterna o una cantimplora así que dejémoslas cerca. Antes de dormirnos debemos concienciarnos de donde está todo y

MONTAJE DE LA TIENDA DE CAMPAÑA

Por buena que sea la tienda, por más comodidades, innovaciones y detalles que posea, dormir puede ser un suplicio si antes no hemos preparado el terreno. El terreno debe ser liso y estar desprovisto de piedras, palos o desniveles muy pronunciados. Una simple piedrecita del tamaño de una judía puede darnos la noche y evitar que al día siguiente estemos recargados de energía. Si existe un pequeño desnivel nos colocaremos siempre con la cabeza en la parte superior, si el desnivel es lateral, lo mejor es cambiar la orientación de la tienda en ese momento y no esperar a estar dentro del saco medio dormidos.

En determinadas zonas no es aconsejable acampar, por simple comodidad o por posibles peligros, como por ejemplo, un alud de nieve.

extender la mano hacia ello para calcular las distancias. Por regla general si se duerme en un saco nuestros movimientos serán mínimos y en caso de necesitar algo del equipo lo encontraremos sin problemas.

Los alimentos que no estěn envasados y puedan producir olores y atraer a los animales, es mejor colocarlos alejados de nosotros y colgados de un árbol. Así es posible que su olor llegue más lejos, pero tendremos más probabilidades de seguir disponiendo de ellos al día siguiente. Nuestra comida puede convertirse en un banquete para los ratones, un zorro o un oso.

Cuando abandonemos el campamento nuestro objetivo debe ser borrar toda huella de nuestro paso por él, incluso del paso de otros que, antes que nosotros, estuvieron allí y dejaron

parte de su basura. Si un lugar nos ha proporcionado cobijo y tranquilidad lo menos que podemos hacer por él es mantenerlo así, no sólo para otros amantes de la naturaleza que vayan allí

en busca de sensaciones como nosotros, sino principalmente para sus legítimos propietarios, tanto a sus dueños humanos, si los hay, como a los seres que lo habitan.

PRECAUCIONES

Cada lugar requerirá unas medidas de precaución. Los márgenes de los ríos no son aconsejables en ningún caso pues el nivel de las aguas puede subir rápidamente y resultar muy peligroso, además de ser lugares húmedos y fríos. Los bosques caducifolios suelen amanecer húmedos como lo haremos nosotros si dormimos en uno.

En la montaña, por ejemplo, hay que evitar zonas de torrenteras, ventisqueras, trayectoria de piedras, aludes de nieve, etc. Cada lugar requerirá un examen detallado y un poco de trabajo por nuestra parte. En la práctica seremos capaces de dormir en un árbol, de pie o de no dormir, pero es necesario conocer la importancia de un buen descanso.

A la hora de levantar un refugio con ramas debemos ser respetuosos con el medio ambiente y no ponernos a cortar árboles alegremente. Necesitaremos menos trabajo para buscar las ramas apropiadas por el suelo que para cortarlas.

Levantar o construir un refugio

El frío, el viento, la lluvia son problemas mucho menos importantes si contamos con un refugio apropiado. Los refugios deben responder siempre a nuestras necesidades, las exigencias atmosféricas y al lugar en el que nos encontremos.

Construir un buen refugio exigirá algo de tiempo, por lo que dependiendo de la complejidad del mismo, buscaremos el lugar y nos pondremos manos a la obra cuanto antes. Es muy importante disponer de tiempo y de luz para que nuestro trabajo se vea

Si disponemos de un plástico grande podremos forrar las paredes y el techo para librarnos de la lluvia y la humedad. Si carecemos de él, deberemos trabajar más duro para conseguir el mismo objetivo con aquello que nos brinde la naturaleza.

recompensado con menos esfuerzo y una construcción más cómoda, segura y agradable a la vista. Si nos encontramos en un lugar con clima seco y cálido, necesitaremos un refugio menos elaborado o, incluso, podremos pasarnos sin él, mientras que si está lloviendo o prevemos que pueda hacerlo, si el frío puede representar un peligro o sopla un viento fuerte, necesitaremos un refugio mejor y por lo tanto más tiempo para construirlo.

Cuando se lee en un libro como este, cómo debe construirse el refugio, parece tan fácil que no se practica hasta que nos hace falta, momento en el que descubrimos que no es tan sencillo encontrar material o que el viento y la lluvia convierten nuestra construcción en una pesadilla. Por sencillo que sea el refugio elegido, algún aspecto de su construcción siempre representará un problema y es mejor enfrentarse a ellos cuando podemos volver a casa y volverlo a intentar al día siguiente, que cuando no nos quede más remedio que dormir en lo que seamos capaces de levantar con nuestras manos.

Hacer un enrejado con ramas y recubrirlo luego con haces de hierba, hojas, más ramas o un simple plástico, requerirá tiempo. Si llevamos un plástico en el equipo o bolsas de basura, también llevaremos un excelente aislante del viento y la humedad, pero tanto si lo tenemos como si no, buscaremos accidentes naturales, árboles, rocas, troncos, terraplenes, cortados, etc., que nos proporcionen parte del refugio: una pared, un techo...

Las cuevas no abundan tanto como nos hacen creer en las películas, pero podemos aprovechar una piedra inclinada para construirnos una, a la que sólo deberemos colocar dos paredes y una puerta. En la construcción de refugios, la madera que empleemos la utilizaremos con todas sus ramas y salientes, lo que nos permitirá sujetar unos a otros con mayor firmeza e incluso nos proporcionará ganchos en el interior de donde colgar el equipo.

Un árbol caído, nos proporciona

Con tiempo y paciencia podemos equipar nuestro refugio con todos los lujos de la vida civilizada, como esta chimenea de piedra y barro que también hace las veces de cocina. La construcción de estas comodidades nos mantendrán ocupados y animados, lo que en una situación de emergencia puede ser muy importante. Hay que extremar las precauciones si se construye una chimenea, pues el riesgo de incendio es muy alto al estar elaborado el refugio con madera y otros materiales combustibles.

una pared a prueba de viento, un desnivel que nos ayudará en los construcción y un anclaje sólido para cualquier invento que se nos ocurra. Por todo ello, no hay que desestimar la ayuda que pueden prestarnos la configuración de algunos elementos de la naturaleza. Las ramas bajas de un árbol pueden ser un buen refugio por sí solas, más aún si las utilizamos como estructura del que pensamos levantar.

Una simple cuerda o una rama larga puede servirnos, atada entre dos árboles, como apoyo para el resto de materiales de construcción y esos dos pilares sobre los que se asienta toda la estructura, serán de toda confianza. Es muy difícil no encontrar ninguna de estas ayudas, en caso de no hacerlo deberemos trabajar un poco más.

El refugio, como la tienda, deberá tener las dimensiones necesarias. Una cabaña de troncos será más cómoda, en ella dispondremos de más espacio y estaremos más calientes y secos, pero requerirá varias semanas de duro trabajo. Medio metro más de refugio que debamos cubrir con ramas, hojas o haces de hierba representará mucho tiempo y esfuerzo y ese espacio, si no está aprovechado, nos costará calorías de las que no podemos prescindir.

Tres ramas atadas por un extremo que formen una pirámide, constituirán uno de los soportes del refugio. Podemos colocar, apoyando en ellas un palo largo que sea la viga central, o bien otras tres ramas unidas en el lado opuesto para levantar la viga por

Los accidentes naturales nos ayudarán a levantar el refugio. Una roca, un árbol o la combinación natural de ambos puede resolvernos una pared, el techo o la estructura básica de la que partir.

Cuanto más sencilla sea la estructura, menos tiempo y trabajo precisaremos para buscar y disponer el material. La sencillez no tiene por qué implicar falta de comodidad.

ambos extremos. Es más sólido el primero, más fácil y más rápido. Si las ramas que hacen de soporte están clavadas en el suelo, mejor aún, pero en ocasiones esto no es fácil. Colocaremos luego más ramas apoyadas en esa viga central. Si tienen hojas y pequeñas ramitas, las iremos entretejiendo para que adquieran mayor solidez y poco a poco vayan cerrando el paso al viento y al agua.

Aunque no parezca que vaya a llover, no nos cuesta demasiado esfuerzo cavar un desagüe para la lluvia que pueda escurrirse por la superficie del refugio. En selvas tropicales, donde la lluvia se presenta cada tarde con exactitud, o en el desierto, donde se supone que no llueve, puede darse el caso contrario y ocurrir justo lo que no esperamos; lo digo por experiencia. En ambos casos

fue una bendición, pues en la primera ocasión estábamos empapados y la lluvia hubiera sido un martirio y en el segundo supuso unos refrescantes minutos tras un día de angustioso calor, pero sirven como ejemplo de que el clima es caprichoso.

Los haces de hierba constituyen excelentes tejas que tienen la ventaja de ser fáciles de encontrar y no ser muy pesadas. Sin embargo, son trabajosas de hacer, aunque nos ofrecerán muy buenas prestaciones. Hay que evitar los materiales muy pesados, como troncos gruesos o piedras que pueden caernos encima.

Si nos encontramos en la nieve, buscaremos cualquier refugio natural antes de pensar en dormir sobre ella. Los refugios en la nieve son peligrosos y debemos evitarlos, a menos que sea

nuestra única alternativa. En ese caso, extremaremos todas las precauciones. Si excavamos el refugio en la nieve, mantendremos siempre cerca las herramientas empleadas, pues son frecuentes los desprendimientos, nos mantendremos separados del suelo con ropa, ramas o cualquier cosa que nos libre del frío y la humedad y mantendremos agujeros de ventilación, pues la nieve al congelarse evita que pase el aire.

A pesar de todo, dentro de ella estaremos mejor que a la intemperie. Dentro del refugio conseguiremos una temperatura superior a la del exterior, aunque no suficiente como para pasar una buena noche. Será, casi con toda seguridad, un suplicio interminable. Sobre todo debemos evitar mojarnos, pues el frío y la humedad unidos podrían suponer nuestro fin.

La práctica nos permitirá construir un refugio casi con cualquier material. Incluso el hielo puede proporcionarnos abrigo si sabemos cómo usarlo.

Aunque tengamos un techo decente sobre nuestras cabezas, no debemos descuidar la construcción de un lecho sobre el que descansar. Es muy importante mantenernos aislados del frío y la humedad del suelo, no sólo en la nieve, sino también en los lugares más secos y cálidos.

Siempre que podamos, buscaremos el material entre las ramas desprendidas antes que cortarlas de los árboles. Si debemos cortar algo, procuraremos hacer una especie de poda inteligente y cuidadosa y no una masacre sin sentido.

Cada situación comprometida requerirá soluciones diferentes y los consejos que aquí se dan son fruto de la experiencia, por lo que debemos tratar de aprender cosas nuevas de cada experiencia particular, que complementará lo que nos enseñe este o cualquier libro.

Los alimentos, otra de las necesidades básicas, merecen una mención especial en la que analicemos no sólo la alimentación correcta que permita un esfuerzo prolongado o intenso a un deportista, sino también la forma de alimentarse de lo que podamos recolectar, cazar o pescar. Pero eso lo veremos en el próximo capítulo.

CONCEPTOS FUNDAMENTALES

• Fuego

Siempre llevaremos diversos sistemas para hacer fuego. El fuego nunca debe descuidarse y antes de hacerlo despejaremos las inmediaciones de material combustible. Antes de necesitarlo trataremos de encender fuego con una sola cerilla, mediante una lupa...

• Agua

No basta con obtener agua, también debemos conservar la que nos queda. El frío, el calor, la comida o el esfuerzo físico nos obligarán a consumir más agua.

• Refugio

En resumen, un plástico será un valioso aliado; antes de construir buscaremos accidentes naturales que nos faciliten la tarea, evitaremos estar en contacto directo con el suelo y procuraremos respetar la naturaleza a pesar de todo.

ALIMENTACIÓN

Alimentarse es una necesidad de todos los seres vivos, que en el caso del ser humano se puede convertir también en un placer. Disfrutar de unos días al aire libre no está reñido con una alimentación sana, equilibrada y placentera. Muy al contrario una actividad física extraordinaria requerirá unos aportes de nutrientes superiores a los ordinarios.

Por regla general quien sale a la naturaleza para pasar unos días se carga de alimentos que casi siempre son poco aconsejables, incómodos de transportar, de escaso valor nutricional y con tendencia a estropearse en condiciones climatológicas adversas. Debemos tener en cuenta que allí donde vayamos, realizaremos más ejercicio que los días normales, nuestro consumo de energía será superior y, por lo tanto, precisaremos de una alimentación equilibrada y suficiente. Como mínimo deberíamos comer igual que si estuviésemos en casa, aunque en realidad deberíamos hacerlo mejor. Esto no significa comer más cantidad, sino más sabiamente.

Si vamos a estar fuera dos o tres días, podemos llevar la mayor parte de la comida preparada, lo que además de garantizarnos una buena dieta nos evitará muchas molestias. Si salimos para más tiempo tendremos que llevar otro tipo de alimentos. Si nuestra intención es aprovechar lo que ofrece la tierra no debemos olvidar que es mucho más fácil la recolección de vegetales que la caza o la pesca, aunque de eso hablaremos más adelante.

Los alimentos más comúnmente utilizados por los excursionistas son las latas, cuyo consumo ocasional puede salvar una comida, pero que si es continuado puede ser contraproducente o incluso terminará por sentarnos mal. Lógicamente si sólo tuviéramos latas en un caso de emergencia estaríamos salvados, pero siempre que podamos elegir es preferible seguir una dieta más equilibrada.

Para aquellos que transportan todo cuanto necesitan sobre sus hombros, en una mochila, son aconsejables los alimentos liofilizados. Ocupan y pesan poco y se preparan fácil y rápidamente. Aunque tampoco conviene abusar y además son caros. Los frutos secos, las galletas, los cereales, la miel y el chocolate, nos proporcionarán energía en abundancia. Los frutos secos será mejor llevarlos pelados, pues ocupan menos espacio y nos evitaremos además el transporte de un peso innecesario.

Una buena elección de los alimentos que vamos a transportar en la mochila nos permitirá llevar menos peso y comer mejor.

El chocolate y los frutos secos nos proporcionarán la energía necesaria para acometer cualquier esfuerzo extraordinario.

La alimentación correcta

Para los deportistas, viajeros y aventureros, es fundamental conocer qué alimentación conviene en cada caso para obtener los mejores resultados de su esfuerzo y no sufrir las consecuencias de comer de cualquier manera.

Una persona normal debería consumir entre 25 y 30 calorías por cada kilo de peso al día. Como es natural, en esa cuenta no hay que sumar el consumo de calorías correspondientes a los kilos de más. Lo importante es tener un aporte porcentual, un 30% de proteínas, un 60% de carbohidra-

tos y un 10% de grasas, de forma que las calorías sean las necesarias, pero procedentes de su justo sitio.

Ante un esfuerzo mayor necesitaremos más energía, pero no es lo mismo una actividad de montaña, como por ejemplo el esquí de fondo, que es un esfuerzo constante y prolongado, que una actividad que requiera un período corto de mucho esfuerzo. El primero requerirá más hidratos de carbono, mientras que el segundo precisará de un mayor aporte de proteínas.

Por lo tanto si vamos a pasar unos

días en la naturaleza exigiendo de nuestro cuerpo un esfuerzo superior al habitual, es conveniente proporcionar a nuestro organismo energía consumible a largo plazo, es decir, carbohidratos de cadena larga como los que proporcionan la pasta o el arroz, por ejemplo. Una vez en nuestro destino, los higos, las pasas, los frutos secos nos facilitarán energía instantánea que consumir en ese mismo momento.

Otro dato que conviene saber es que en climas fríos se precisa más alimento que en los cálidos, pues el cuer-

Consumo diario de energía y nutrientes para una actividad física moderada

HOMBRES

Edad (años)	Energía (Kcal)	Proteína (gr)
10-12	2.450	43
13-15	2.750	54
16-19	3.000	56
20-39	3.000	54
40-49	2.850	54
50-59	2.700	54
60-69	2.400	54
+70	2.100	54

MUJERES

Edad (años)	Energía (Kcal)	Proteína (gr)
10-12	2.300	41
13-15	2.500	45
16-19	2.300	43
20-39	2.300	41
40-49	2.185	41
50-59	2.075	41
60-69	1.850	41
+70	1.700	41

Una actividad que exija un esfuerzo continuado precisará de un aporte nutricional diferente de aquella que suponga un gran esfuerzo durante un corto período de tiempo.

po requiere más energía para mantener la temperatura necesaria.

Pero ¿qué hacer si no tenemos comida que llevarnos a la boca?, ¿si nos vemos obligados a ayunar?, ¿si tenemos que comer vegetales del campo, o, lo que es peor, alguna criatura desagradable que en condiciones normales sería motivo de repugnancia?

El arroz y la pasta proporcionan energía que nuestro cuerpo consume poco a poco. Por lo tanto es la comida ideal para los momentos previos a la actividad deportiva intensa y de larga duración como el ciclismo, caminatas...

Composición por 100 gramos de alimento

ALIMENTO	AGUA(GR)	ENERGÍA(KCAL)	H.C(GR)	PROT.(GR)	LÍPIDOS(GR)
Arroz	5,9	359	86	7	0,9
Galletas	0	432	74	7	14
Pasta	3,6	373	82	12,9	1,5
Leche	88	65	5	3,3	3,7
Queso Burgos	70	174	4	15	11
Yogur	80	82	14	5	1
Huevos	76,4	150	Tr	12,5	11,1
Azúcar	0,5	373	99,5	0	0
Miel	21,5	295	78	0,5	0
Aceite oliva	0,1	899	0	0	99,9
Mantequilla	16,4	749	Tr	0,6	83
Coliflor	92,4	22	3,1	2,2	0,2
Espinacas	89,6	18	1,2	2,6	0,3
Patata	77,3	79	18	2,5	0,2
Garbanzos	5,6	329	55	19,4	5
Lentejas	8,7	314	54	23,8	1,8
Manzana	85,7	46	12	0,3	Tr
Naranja	88,6	35	8,6	0,8	Tr
Plátano	75,1	83	20	1,2	0,3
Nueces	17,8	602	20	14	59
Pasas	25,5	256	66	1,4	0,3
Chuletas cerdo	55,1	327	Tr	15,4	29,5
Chuletas vacuno	62,5	253	Tr	17	20,5
Pollo	75,4	112	Tr	21,8	2,8
Jamón serrano	65	163	0	30,5	4,5
Atún	65	200	0	23	12
Lenguado	81,7	80	0,5	16,5	1,3

La alimentación de emergencia

El cuerpo humano puede pasar mucho más tiempo sin comer que sin beber, pero ello no impide que en el momento que nos falte una comida, nuestro cuerpo y nuestra mente se sientan vencidos.

Si nos falta el alimento, nuestro cuerpo reaccionará de forma natural avisándonos de que necesita comida y sufrirá algunas molestias que, en principio, no revisten ningún peligro. La

falta de una sola comida a la que estemos acostumbrados hará que nuestro estómago se comunique con nosotros por medio de gruñidos; sentiremos incluso mareos y malestar debido a que la concentración de glucosa en la sangre descenderá por debajo de lo normal y, en resumen, pensaremos que es hora de escribir el testamento.

Sin embargo, tras los primeros momentos de ayuno, el organismo se

prepara para una época de escasez, el malestar desaparece y regresan las ganas de luchar y sobrevivir. Esos primeros momentos son los más duros, pueden deprimirnos y hacernos más irritables, provocando tensión en el grupo y, si vamos solos, hundirnos en la desesperación. Masticar cualquier cosa nos ayudará en esos momentos, pues el movimiento de las mandíbulas y la salivación harán trabajar al estómago y engañarán al cerebro.

Deberemos pensar en valernos por nosotros mismos. Ha llegado la hora de conseguir nuestro propio alimento. Pero la elaboración de trampas para cazar o la pesca requerirán paciencia, habilidad y un esfuerzo considerable que quizás no compense el hecho de obtener algunos alimentos. Cavar un agujero en el bosque, cubrirlo adecuadamente y colocar un cebo puede llevarnos horas. La espera puede ser muy larga y, en caso de tener éxito, es posible que únicamente hayamos capturado un ratón de campo. No debemos olvidar que lo más sencillo será seguir una dieta vegetariana y aquellos que necesiten proteínas animales, que recuerden que es mucho más sencillo cazar un saltamontes que un venado. Es decir, que nos enfrentamos al dilema de saber qué plantas son comestibles y de si seremos capaces de engullir un gusano o una araña.

Alimentación vegetal de emergencia

Saber qué plantas son comestibles y su preparación se escapa un poco de las pretensiones de este libro. Existen multitud de textos sobre alimentación vegetariana, reconocimiento de plantas, etc. que convendría leer y conocer. Reconocer una planta silves-

En algunos países el ayuno se lleva a extremos asombrosos. En otros, la necesidad obliga al hombre a llegar a sus límites. En ambos casos se superan barreras que parecen imposibles para aquellos que se alimentan diariamente varias veces al día.

tre como comestible y saber sus aplicaciones culinarias sería lo ideal, pero por si acaso, debemos tener un sistema que nos permita saber si una planta desconocida es comestible.

Rüdiger Nehberg, el famoso aventurero alemán, nos recuerda en uno de sus libros un refrán que se aplica perfectamente a este caso: «Todas las plantas se pueden comer, pero algunas una sola vez». Si vamos a alimentarnos de vegetales, debemos tener paciencia y realizar unas pruebas básicas de reconocimiento que nos permitan determinar si lo que tenemos en las manos puede salvarnos o matarnos.

Las suculentas setas no deben incluirse en las pruebas de comestibilidad, pues algunas especies son extremadamente venenosas o incluso mortales, con lo que podrían ahorrarnos los problemas de alimentación para siempre. Las pertenecientes a la familia de las amanitas son extraordinariamente tóxicas, por lo que si no se tienen unas nociones básicas de micología es preferible evitar los hongos.

Como principio básico confiaremos en nuestro instinto, siempre que éste nos diga que no debemos comer algo. En el caso de que nos diga lo contrario, actuaremos con calma. Si una planta tiene la piel espinosa, resulta pegajosa o huele de forma extraña, evitaremos alimentarnos con ella.

Por descontado, si junto a ella encontramos el cadáver de un animal o de otro explorador será signo inequívoco de que no es comestible, pero no debemos fiarnos, sin embargo, de que otras criaturas se alimenten de determinada planta para considerarla comestible. Muchos animales desarrollan una inmunidad contra algunos venenos de la que nosotros vamos a carecer.

Con el resto de vegetales seguiremos unas reglas bien fáciles. La sabia de las plantas nos informará con su olor y color de su posible toxicidad. Por principio evitaremos los vegetales que tengan sabias lechosas o de olor picante. Si el olor es agradable y al

A no ser que tengamos unos sólidos conocimientos sobre la setas es mejor olvidarse de ellas. Algunas, como las pertenecientes a la familia de las amanitas, como la amanita muscaria de la imagen, pueden terminar para siempre con nuestra necesidad de alimentarnos.

desmenuzar la planta nos sigue pareciendo igual, podemos comer un fragmento pequeñito.

Si es demasiado dulce, ácido o si es picante, buscaremos otra planta. Si resulta agradable al paladar, esperaremos media hora antes de comer algo más. Tras lo cual, nuevamente, deberemos esperar cerca de una hora. En caso de no notar efectos desagradables, podemos ingerir una cantidad equivalente al volumen de una galleta. Si ocho horas más tarde todo sigue en nuestro estómago y no hay efectos secundarios, podemos comerlo casi con total seguridad.

Debemos intentar no obsesionar-

nos con la posibilidad de haber ingerido veneno, o de otra forma notaremos cada movimiento que se produzca en nuestras tripas y lo tomaremos como los primeros síntomas de envenenamiento. En cierta ocasión, mientras recorría con un amigo el cauce del río Júcar, en la provincia de Cuenca, en un precioso valle cerrado por cortados de piedra, encontramos un huevo de pato sobre una piedra. Sin necesidad ni razón de peso decidí comérmelo, cosa que hice tras comprobar que estaba fresco.

Justo después, caí en la cuenta de que el huevo en cuestión estaba en un lugar de lo más extraño, pues no se

Encontrar un árbol frutal silvestre supondría un tesoro. Por regla general tendremos que desenterrar nuestro alimento con más trabajo.

apreciaba ningún nido y sólo podría haber llegado allí si el agua hubiese subido de nivel y lo hubiese depositado sobre aquella roca. Tal vez se tratase de un huevo envenenado por el hombre, destinado a terminar con la vida de un zorro o algún mustélido. Pensé que no me apetecía morirme por una cosa tan tonta y decidí vomitar el huevo.

Al intentar detectar algún efecto del posible envenenamiento, creo que pude sentir cómo las vellosidades intestinales absorbían las sustancias nutritivas y cómo el pobre huevo pasaba de un sitio a otro de mi cuerpo. Algunos retortijones me llenaron de espanto. Finalmente se trataba de un huevo corriente e inofensivo, pero de aquella experiencia saqué varias enseñanzas valiosas. La primera que no se debe uno precipitar y que la cabeza sirve para algo más que para llevar puesto el sombrero. En segundo lugar, que el poder de sugestión es capaz de engañar todos nuestros sentidos.

Muchas plantas producen frutos comestibles. Otros, sin embargo, son extremadamente tóxicos. No olvidemos nunca las pruebas de comestibilidad.

Por lo tanto, si somos demasiado nerviosos o si queremos evitar sustos y riesgos totalmente innecesarios, deberemos estar bien informados de las cualidades de los vegetales de nuestros campos, antes de cometer una imprudencia y dejar las pruebas de comestibilidad para un caso en el que sea nuestra única oportunidad de supervivencia.

Alimentación animal de emergencia

Con la alimentación animal nos enfrentaremos a dos problemas. El primero de ellos será capturar a nuestro plato principal del día y el segundo, tener el valor de comérnoslo. Para muchas personas un filete de ternera no tiene ninguna relación con una ternera viva y si se encontrasen con una les sería «imposible» matarla y descuartizarla para comérsela.

La palabra imposible se encuentra entrecomillada porque cuando tenemos hambre de verdad perdemos las inhibiciones, los miedos y los ascos, y todo nuestro instinto primitivo, oculto tras capas y capas de civilización, buenas costumbres y códigos éticos o morales, sale a la superficie con tal fuerza que de todo lo anterior no queda ni rastro, menos aún que de la ternera.

A muchos otros, la simple imagen de un conejo, o cualquier otro mamífero sobre una hoguera, les estimulará inmediatamente los órganos productores de saliva, y pondrá a funcionar sus estómagos. Pero un conejo no será tan sencillo de capturar como una oruga o un escarabajo y... ¿nos come-

Hasta los grandes depredadores pueden convertirse en presas y servir de alimento a otras criaturas. En África, como en otros muchos lugares, no se desperdicia ningún tipo de carne. Cuando hay hambre, hasta los animales protegidos o en peligro de extinción pueden acabar formando parte de un guiso.

ríamos una cosa semejante? Si la respuesta es no, es que no tenemos suficiente hambre, lo mejor será guardar esa oruga un par de días más y poco a poco irá adquiriendo una personalidad muy diferente hasta tener toda la pinta de ser un manjar exquisito digno de los dioses.

Como omnívoros, podemos comer de todo, desde hormigas hasta ballenas. Tan sólo deberemos observar unas precauciones básicas para evitar algunos problemas. Las hormigas, por ejemplo, tienen ácido fórmico y si consumimos muchas pueden hacernos daño, aunque, claro, tampoco

Si se está preguntando: ¿qué hace esta oruga en el capítulo de la alimentación?, es que no tiene suficiente hambre.

Los colores muy llamativos en los anfibios y los reptiles suelen indicar que se trata de especies venenosas. Eso no significa necesariamente que no puedan comerse.

podemos alimentarnos exclusivamente de ellas. Los anfibios de colores muy brillantes suelen indicar que son venenosos, así por ejemplo, las salamandras con su llamativo diseño amarillo y negro nos informan de su toxicidad. Las orugas con pelos son también venenosas. Deberemos evitar comer las tripas del pescado y otros animales. Los erizos, los cerdos, los perros, los gatos y las ratas deberemos freírlos o cocerlos a conciencia para evitar la triquinosis.

Si encontramos animales muertos y nos lo podemos permitir, evitaremos utilizarlos como almuerzo, pero no desdeñaremos la oportunidad de usarlos como cebo o como incubadora de las raramente apreciadas, pero extraordinariamente nutritivas, larvas de mosca.

A pesar de ello, la carne pasada puede consumirse sin demasiados problemas, si su estado de putrefacción no es muy avanzado. Estamos acostumbrados a tirar un yogur en cuanto se pasa un día la fecha de caducidad, pero los alimentos, especialmente los preparados y manufacturados, suelen mantenerse aptos para el consumo mucho más tiempo del que parece.

En una situación de emergencia, debemos olvidar los prejuicios aprendidos en nuestra vida y utilizar única-

Determinados animales como los erizos, los cerdos, los perros, los gatos o las ratas deben cocinarse debidamente para evitar la triquinosis.

Junto a las carreteras se pueden encontrar todo tipo de «alimentos». Si su estado no es adecuado para el consumo siempre pueden servirnos de cebo. Es en cualquier caso un triste final para cualquier especie, como esta bella serpiente de Madagascar.

mente aquello que nos permita sobrevivir. Esto, que puede parecer imposible, será completamente diferente si el hambre nos acosa y nuestra vida corre peligro.

Tan sólo deberemos vencer la costumbre y la educación recibida. Tendremos que reeducar nuestro cerebro para abastecer nuestro estómago. El marisco, tan apreciado en nuestro país, se considera algo repugnante en otros muchos, de la misma forma que tratamos aquí a los saltamontes o las hormigas, platos sin embargo muy apreciados en determinados lugares. El asco no es más que una cuestión de aprendizaje, una costumbre. Desde que éramos niños nos han prohibido llevarnos los bichos a la boca, con lo que han impedido desarrollar en nosotros una forma de alimentación de emergencia perfectamente aceptable.

Otro dato curioso que surge cuando se habla de este tema, es la opinión popular de que los animales son muy sucios y trasmiten toda clase de enfermedades. Esto es cierto principalmente en los animales más próximos al hombre y sobre todo en las ratas que viven junto a nosotros. Pero la mayoría de las criaturas son en realidad muy limpias. El tiempo que dedica a la limpieza de su cuerpo un ratón de campo o una araña, en comparación con el ser humano, nos haría avergonzarnos. Además, las posibles enfermedades se suelen transmitir a través de la saliva, es decir, si estas criaturas nos mordiesen.

TRUCOS

Hay lugares donde es más sencillo encontrar alimentos. Así, por ejemplo, como decíamos, en los márgenes de las carreteras es relativamente fácil encontrar animales atropellados. Bajo las rocas se esconden multitud de criaturas. En los troncos podridos pueden encontrarse larvas de escarabajos, etcétera.

Nuestro olfato nos puede ayudar a encontrar animales muertos que, cuando menos, pueden tener larvas de mosca, un alimento desagradable a la vista pero muy nutritivo. Otros animales pueden indicarnos la presencia de alimento con su comportamiento (hileras de hormigas, una concentración de buitres en el cielo...) o con sus excrementos, pues en ellos encontraremos, por ejemplo, semillas de las frutas del lugar.

Construcción de trampas y técnicas de pesca

Los cazadores saben que hace falta pasar inadvertidos para no alertar a una futura presa, y mucha paciencia y suerte para abatirla. Nosotros, además, no contaremos con las ventajas que suponen los perros, etc., por eso nuestro trabajo será más duro y nuestras presas menos numerosas e importantes.

Partiendo de la base de que siempre será más sencilla la recolección que la caza, no hay que olvidar que obtener una presa es a menudo más sencillo mediante trampas —si están bien construidas—, que si depende de nuestra puntería. No sólo necesitaremos habilidad y paciencia, también precisaremos de unos conocimientos mínimos de los animales que pretendemos cazar, o de los peces que queremos capturar.

Si nuestra vida no depende de ello, evitaremos dañar a animales protegidos e incluso a cualquier criatura por un simple capricho. Para ello, podemos construir trampas que capturen a los animales sin herirlos y nos permitan soltarlos tras comprobar nuestras dotes cazadoras o pescadoras.

La caza y la pesca requieren práctica, por lo que no debemos dudar en acompañar a quien realice estas actividades normalmente y procurar aprender de él todo lo posible. Tanto los cazadores como los pescadores son muy propensos a contar sus batallitas de las que, escuchando atentamente, y haciendo las preguntas oportunas, podremos sacar sabias enseñanzas.

Una de las primeras lecciones es la paciencia. Si asistimos a una montería, descubriremos que la mayor parte del día transcurre en silencio, a la espera de las posibles presas. Hablar o moverse puede ser el preludio de un día sin piezas. En las monterías se cuenta con grandes ventajas, de las que vamos a carecer en los momentos para los que nos entrenamos. Si cazamos en solitario no vamos a disponer de una rehala y de perreros que empujen la caza en nuestra dirección, por lo que, si a pesar de contar con ello y con un rifle o una escopeta, es necesario mantener el silencio y la paciencia, más aún si carecemos de todo ello.

Es importante que los animales que pretendemos cazar no puedan olernos a varios kilómetros de distancia, por lo que debemos camuflar nuestro olor y colocarnos de forma que el viento no lleve nuestro aroma hacia las posibles presas. En la pesca y la construcción de trampas, la paciencia será también fundamental.

Las trampas deben realizarse meticulosamente y emplear en ellas el tiempo y el esfuerzo necesario. Una trampa chapucera o apresurada no funcionará. Una trampa y sus alrededores deben oler como el resto del entorno, pues de otro modo los animales no se acercarán.

Los lugares para colocarlas deben ser escogidos con inteligencia, no pueden colocarse en cualquier parte pues en ese caso nos quedaremos sin cena. Los animales suelen elegir unos caminos concretos para salir y regresar a sus madrigueras, o bien se desplazan normalmente por las mismas sendas, tanto es así que muy a menudo sus patas labran un camino fácilmente reconocible.

Las trampas, no deben ser necesariamente una complicada estructura de

cuerdas, poleas y árboles doblados que actúen como resorte. Las trampas más sencillas suelen ser las más eficaces. En la mayoría de los libros de supervivencia, aparecen trampas de dudosa construcción que requieren unos conoci-

Podemos construir trampas y armas para cazar. El cuidado en la elaboración de las mismas redundará en un mayor número de capturas.

mientos y un equipo del que raramente dispondremos.

Lo mejor es investigar, preguntar en las localidades próximas a los lugares que vayamos a visitar, o por los que normalmente pasemos, y poco a poco iremos obteniendo información sobre las prácticas más comunes en nuestro destino. Así descubriremos, por ejemplo, que una técnica muy difundida y además prohibida por la ley, es la colocación de lazos.

Este tipo de trampa suele ser muy efectiva pero tiene dos inconvenientes principales; el primero es que el animal capturado sufre enormemente, pues queda atrapado en el lazo y se asfixia con sus propios esfuerzos por liberarse. El segundo es que en esa trampa puede caer cualquier especie, incluyendo las más protegidas y a nuestro propio perro. Sólo deben emplearse para sobrevivir, nunca si tenemos un supermercado a la vuelta de la esquina o si

Los animales utilizan frecuentemente los mismos caminos. Es en esos pasos donde pueden colocarse las trampas o donde podemos esperar para capturarles.

sólo queremos comprobar su eficacia.

El lugar donde colocarla es en las salidas de las madrigueras y sobre todo, en los pasos que hacen los animales entre la vegetación, fuertemente anclada al suelo, a un árbol o una roca. Dado que la muerte se va a producir por estrangulación, cuanto más fuerte y flexible sea el material utilizado para el lazo, más efectivo será éste. De esta forma se pueden capturar desde conejos a jabalíes.

Mucho menos cruel y tremendamente efectivo es el método de caza que observamos en un pueblo de Toledo (España) llamado Camarena. Un buen número de habitantes del pueblo se colocaban en círculo rodeando una amplia extensión de terreno y se movían por el lugar hasta que descubrían una liebre o una perdiz. Cuando lo hacían se limitaban a perseguirla corriendo. Cuando se alejaba de su posición, otro vecino tomaba el relevo y así continuaban hasta que liebre o perdiz quedaban tan agotadas que se las podía atrapar con la mano.

Este sistema precisa de un grupo muy numeroso, pero debe servirnos al menos como ejemplo de ingenio y para no subestimar las enseñanzas que cada lugar puede ofrecernos.

Una trampa raramente descrita en los manuales de supervivencia es la de tapa basculante. Y es de una efectividad sorprendente. Únicamente necesitaremos cavar un agujero en el suelo lo bastante profundo como para evitar que nuestra presa salga de él, con las paredes los más lisas posibles. Si en nuestro equipo llevamos un bidón grande será perfecto para enterrarlo y que forme las paredes y el fondo del agujero. Sobre la boca de este pozo, hemos de colocar una tapa hecha con palos, madera, etc., que debe girar sobre una cuerda que la cruce por su centro y que debe estar fijada a los bordes del agujero. El objetivo es que esta «puerta giratoria» parezca parte del suelo y que se hunda bajo los pies de nuestra presa, cerrando después nuevamente la trampa. La tapa la cubriremos de hojas, tierra, etc.

Esta trampa tiene la ventaja de que no requiere grandes medios ni habilidades, los animales permanecen vivos y podemos soltarlos si no estamos realmente hambrientos, y funcionan bastante bien colocadas en los pasos naturales o con un cebo en el centro de la tapa.

La clásica trampa, de la página siguiente, suele ser también muy efectiva, más aún si en lugar de dejarla a su suerte, la controlamos escondidos para accionarla en el momento justo. Sólo debemos colocar una roca plana sobre un agujero y sujetarla en equilibrio con un palo al que ataremos una cuerda. Al extremo de esa cuerda estará el cebo o nosotros mismos, de forma que

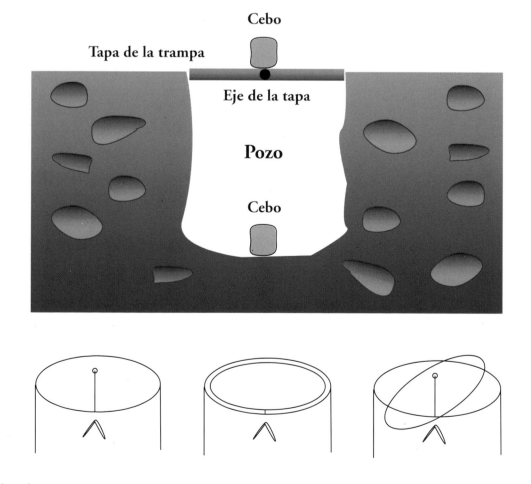

Trampa de tapa basculante.

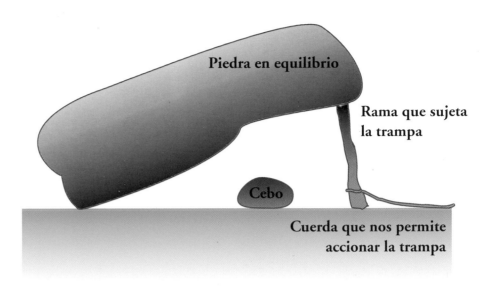

Pescar con un arpón no es tarea fácil, hay que practicar mucho y tener en cuenta la refracción de la luz en el agua.

La trampa más típica y simple del mundo puede funcionar con un buen cebo y mucha paciencia.

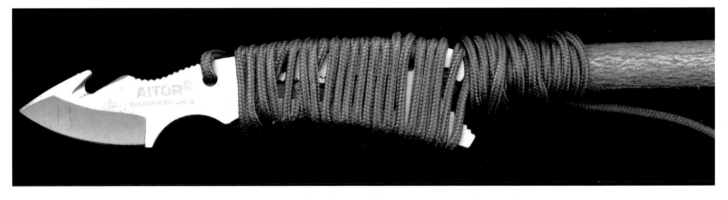

Los desolladores o skiners son tremendamente útiles y con ellos podemos elaborar arpones muy funcionales.

el animal quedará atrapado al tirar del cebo o cuando tiremos nosotros.

Cuanto más pese la tapa de nuestra trampa, más resistente debe ser la cuerda y en mayor equilibrio debe estar el conjunto. De otra forma podemos quedarnos sin caza y sin cebo. Para esta trampa la paciencia será imprescindible.

Para pescar, si no tenemos útiles de pesca como anzuelos, etc., podemos utilizar una hamaca o una tela a modo de red, que colocaremos atravesando la corriente. Podemos, asimismo, fabricarnos un arpón con el *skiner* o afilando el extremo de una rama. Si pescamos de esta guisa es mejor colocarle al arpón dos o más puntas y que dispongan de un garfio para evitar

que los peces se escapen. Hay que tener en cuenta la refracción del agua, por lo que es mejor capturar primero cualquier objeto inanimado que nos permita calcular el ángulo y la profundidad a la que debemos hundir el arpón.

Si no queremos seguir una dieta vegetariana o insectívora, es mejor poner en practica algunas trampas de las de éste o cualquier otro libro e intentar convertirse en todo un experto trampero antes de necesitarlo de verdad.

TRUCO

Colocando una luz durante la noche, será más fácil pescar, pues los peces, las ranas, los cangrejos y, en general, toda la fauna propia de los cauces, incluidos los galápagos, se sienten atraídos por la luz. Este método no está permitido por las normas de pesca, por lo que solo lo usaremos en ocasiones de emergencia.

La cocina

Ya hemos hablado de la importancia de una alimentación correcta, tanto en la naturaleza como en nuestros hogares. Pero además de procurarnos una comida con la necesaria proporción de nutrientes, la presentación y elaboración de la misma también influirán en nuestro ánimo y nuestro estado general. Ya se trate de una larga temporada en contacto directo con la naturaleza o en una situación de emergencia, no basta con comer; si es posible debemos disfrutar de ello.

Debemos comer lo necesario pero no de cualquier manera. Si nos es posible es conveniente realizar tres comidas al día, y preparar los alimentos de forma que además de beneficiosos para el cuerpo sean atractivos a los ojos. La rutina diaria de preparar la comida nos proporcionará un contacto con la civilización necesario para nuestro bienestar anímico. Conservar nuestras costumbres nos dará fuerza y equilibrio para triunfar ante la adversidad.

Lógicamente si por la situación en la que nos encontramos no podemos encender una hoguera o perder tiempo cocinando, nos olvidaremos de otras consideraciones y pensaremos únicamente en alimentarnos. En los casos en que esté comprometida nuestra supervivencia se deben establecer prioridades. Hacer un análisis de la situación, y tomar decisiones razonadas basadas en él, nos proporcionarán más posibilidades de conseguir nuestro propósito final. Pero fuera de esas ocasiones concretas trataremos de que la comida del mediodía o de la noche se conviertan en un almuerzo o una cena de verdad.

Si carecemos de alimentos convencionales y nos vemos obligados a comer cosas que en condiciones normales nos repugnarían, disfrazarlas y hacerlas parecer una comida más civilizada nos ayudará a comerlas. Si somos capaces de cocinarlas mejoraremos el aspecto, el sabor y la calidad de nuestra comida de emergencia.

Determinadas sustancias son mejor asimiladas por nuestro organismo una vez cocinadas. Además, como seres humanos modernos, no debemos olvidar los múltiples beneficios derivados del uso del fuego. También es importante saber que nuestro cuerpo requiere energía para mantener su temperatura estable, energía que procede de

La bebida caliente cuando hace mucho calor evitará que sudemos y por lo tanto nos permitirá ahorrar agua. Los pueblos que viven en el desierto lo saben bien.

los alimentos. La comida caliente es capaz de proporcionarnos calor, lo que a su vez se traducirá en un menor consumo de reservas de nuestro organismo, es decir, necesitaremos menos comida y agua.

Estamos acostumbrados a tomar bebidas frías y helados cuando tenemos calor, mientras que los habitantes del desierto son muy aficionados a tomar té caliente, algo que parece que va en contra de lo que necesitamos. Si bebemos agua helada cuando tenemos calor, observaremos que sudamos copiosamente, perdiendo líquidos, lo que nos obligará a beber nuevamente. El té de los nómadas no tiene ese efecto, por ello quita mejor la sed o lo que es lo mismo, ahorra agua.

Como hemos visto, la preparación de los alimentos es sumamente beneficiosa por varias razones. Muchos lectores pensarán, ¡pero si yo no sé hacer ni un huevo frito! Pues ya es hora de aprender. Si bien no es algo que vaya a sernos de utilidad en condiciones de

La cocina puede ser una simple hoguera, una piedra o tratarse de algo más elaborado, como la chimenea que veíamos en el capítulo anterior y que podía construirse con piedras y algo de paciencia.

supervivencia, comenzar nuestras lecciones de cocina con la elaboración de un pastel puede motivarnos lo suficiente como para aprender nuevas recetas. Lo importante es sentirnos cómodos y seguros con los útiles de cocina. La familiaridad con los diversos condimentos —la mayoría de los cuales podemos encontrar en la naturaleza— nos facilitará la ingestión de algunos platos especiales.

En una ocasión, durante mi primera experiencia de supervivencia, me comí una serpiente. Hubiese sido más sabrosa con una preparación adecuada y condimentada correctamente. Es verdad que me la comí enterita, pero estaba demasiado dura y le faltaba sal, detalles sin importancia ante la idea de morir de hambre, pero funda-

mentales para nuestra moral. Si en una situación en que nuestra vida corre peligro somos capaces de preocuparnos por detalles tan insignificantes, será señal de que tenemos el control de la situación, que confiamos en nuestras posibilidades, que no tenemos miedo, que las condiciones no son tan graves, etc. Si formamos parte de un grupo, levantaremos la moral general y aumentaremos un poco más las posibilidades de sobrevivir. En circunstancia normales cuidar esos detalles nos proporcionarán un momento agradable, relajado, del que disfrutaremos y obtendremos más energía de la esperada.

La cocina en sí puede ser una simple hoguera que nos permita únicamente calentar el agua y poco más, o

un horno improvisado en el que podamos hacer suculentos platos y hasta pan. Si hemos hecho una pausa en nuestro camino elegiremos la primera, mientras que si vamos a establecernos en un lugar en el que deberemos pasar algún tiempo, procuraremos hacer algo más parecido a lo segundo. Además, la construcción de la cocina nos proporcionará un estimulo y una distracción, factores muy importantes para nuestra mente.

Las llamas directas de la hoguera quemarán la comida y estropearán nuestros útiles. Es mejor esperar a que se produzcan brasas y cocinar sobre ellas. Podemos también cocinar sobre una piedra plana colocada sobre las llamas o enterrando los alimentos en las brasas. Si construimos una estructura sobre la que colgar una olla o un útil para darle vueltas a la caza mientras se asa, deberemos tener la precaución de que nuestra estructura no salga ardiendo, para lo que delimitaremos con piedras la hoguera y esperaremos a colocar nuestro invento cuando obtengamos brasas. El material empleado en la construcción deberá estar compuesto por madera verde o materiales no inflamables. Entrelazando ramas verdes finas se puede fabricar una parrilla que aguantará sin arder hasta que nuestra comida esté lista.

Si nuestro problema es la falta de agua, eliminaremos la sal de nuestra comida, mientras que si tenemos agua suficiente debemos saber que la sal es fundamental para el buen funcionamiento de nuestro cuerpo. Si no tenemos sal podemos usar las cenizas de la hoguera que contienen sales minerales. El azúcar es vital también, imprescindible para el cerebro. Nuestro organismo asimilará primero los azúcares, luego los próridos y finalmente las grasas, por lo que una comida rica en grasas provocará una digestión más pesada.

Las ramas verdes nos permitiran construir una parrilla que aguantará sin arder hasta que nuestra comida se haga convenientemente. La única pega es que produce mucho humo.

Fabricación de utensilios

¿Y si no tenemos recipientes donde preparar nuestra comida? Si tenemos papel de aluminio tendremos buena parte de la batalla ganada, pues es tremendamente útil. Envolviendo los alimentos en él e introduciéndolos en las brasas obtendremos un buen cocinado. Extendiéndolo sobre una horquilla de una rama verde podemos fabricar una improvisada sartén y con un poco de maña obtendremos de él cucharas bastante aceptables.

En caso de carecer del polifacético papel de aluminio, podemos emplear todo lo que tengamos a nuestro alrededor. Varias hojas verdes nos servirán para envolver los alimentos, una piedra plana hará las veces de sartén. Con nuestro cuchillo o navaja o incluso con una piedra apropiada, podemos construirnos un cuenco rudimentario de madera vaciando un tronco y podemos tallar los cubiertos.

¡Lo que necesito es una olla! Bueno, bueno, también podemos construirla. Solo tenemos que practicar un agujero en el suelo, recubrirlo de hojas verdes, papel de aluminio o la piel de un animal (con la parte del pelo contra el suelo), añadir el agua y los ingredientes. Para calentar el guiso solo

TRUCO

Una piel de cualquier mamífero puede funcionar como una olla a presión, tal y como la utilizan algunos pueblos nómadas de Asia. La piel, que se le quita a su propietario intentando sacarla entera (como si se le diese la vuelta a un guante), debe cerrarse en las aberturas de las extremidades. A través del agujero de la cabeza se introduce la carne del propio animal, la verdura o aquello que queramos cocinar.

Se le añade un poco de agua y se introduce una piedra calentada en la hoguera. Después se cierra también ese agujero. El agua hervirá en unos minutos por lo que deberemos abrir de vez en cuando alguna de las aberturas para disminuir la presión. A medida que la piedra se enfríe podemos introducir más. Así lograremos cocer la carne y cualquier alimento.

tendremos que introducir en él piedras calentadas previamente en la hoguera, y ya está.

Si para la construcción de la parrilla y el combustible de nuestra hoguera elegimos bien la madera, daremos un toque exquisito al pescado o la carne. Si para encender la hoguera usamos gasolina o materiales combustibles inapropiados el sabor de nuestros platos puede verse seriamente perjudicado. Por el mismo motivo si tenemos basura combustible la quemaremos

después de comer, preferiblemente en un fuego diferente del que usaremos para cocinar.

Algunos platos pueden cocinarse envueltos en barro y colocados después sobre las brasas. Las aves por ejemplo, cuando las saquemos del lodo dejarán sus plumas en el. Un simple palo donde pinchemos los alimentos puede servirnos para cocinar, pero las posibilidades son casi infinitas por lo que nuestras comodidades y lujos dependerán de nuestra imaginación.

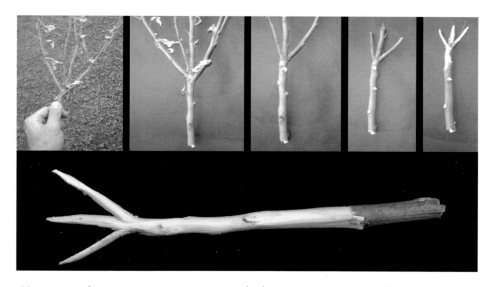

Una vez más la paciencia será nuestro mejor aliado para conseguir unos útiles dignos y funcionales. Puede que necesitemos varios intentos para conseguir un tenedor realmente práctico. Quizá baste con un simple palo afilado que nos ayude a pinchar la comida.

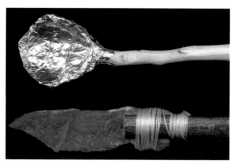

Nuestra navaja puede sustituir a la perfección a cualquier cuchillo, incluso al tenedor. Sin ella podemos usar nuestra imaginación y construir un cuchillo tan bonito que después nos sirva de adorno. Más complicado será elaborar una cuchara. Sería posible tallarla, pero eso requiere mucha habilidad. Con un poco de papel de aluminio podemos obtener algo bastante útil.

Conservación de los alimentos

Otro problema que hay que saber resolver relacionado con la cocina y la alimentación es el de conservar los víveres el mayor tiempo posible. No podemos permitir que la comida se pudra bajo ningún concepto. No es que la comida estropeada no pueda comerse, pero requerirá una elaboración más compleja y entrañará más riesgos. Como norma es mejor evitar los alimentos que huelen mal debido a su estado y en caso de vernos obligados a utilizarlos, los herviremos, asaremos o freiremos más de lo normal para evitar las bacterias. Si tenemos sal, aprovecharemos los ácidos salinos que se obtienen durante el hervido de la sal y que actuarán como bactericidas.

En principio trataremos de no llegar a eso y para lograrlo hay diversos sistemas que varían según el tipo de alimento y del tiempo que vayamos a permanecer en un lugar. No hay que olvidar que los alimentos cocinados duran más que los crudos.

También debemos tener en cuenta lo que tenemos a nuestro alrededor, pues en una playa dispondremos de abundante sal y quizá de poco combustible, mientras que en un bosque nos encontraremos en la situación inversa. Si estamos rodeados de nieve, tenemos el mejor aliado en la conservación de nuestros víveres, el frío. Pero la comida deberá estar envuelta en cualquier cosa y no en contacto directo con el hielo. Un montón de nieve convenientemente señalizado será nuestra nevera, aunque es mejor ponerla sobre un árbol para evitar que algún vecino del reino animal se aproveche también de nuestra despensa.

Las responsables de que los alimentos se pudran son principalmente las bacterias, que prosperan en medios húmedos. Para evitar su acción debemos mantener la comida seca.

No podemos permitir que las moscas se acerquen a los alimentos perecederos pues en un día, incluso en unas horas, podríamos tener a toda su descendencia en fase larvaria. Para conseguir mantener a raya a las moscas, suele bastar el humo de una hoguera.

El ahumado es uno de los medios de conservación más ventajosos y duraderos. Existen dos tipos diferentes de ahumados: el que sólo requiere del humo o ahumado en frío, y en el que también, además del humo, aprovechamos el calor del fuego, o ahumado en caliente.

Este último es más rápido, aunque menos duradero y será el que elegiremos si debemos continuar nuestro camino. Para ahumar la carne o el pescado hay que curtirla primeramente por el calor de un fuego, no por la llama directa. Añadiendo madera verde u hojas húmedas conseguiremos el segundo paso que será el ahumado.

Si por el contrario disponemos de un buen lugar donde quedarnos o las condiciones particulares de ese momento nos obligan a permanecer en un mismo sitio podemos emplear el ahumado en frío, donde el calor no interviene para nada y los procesos de curtido y conservación se producen gracias al poder esterilizante del humo.

Como sucede en la cocina, la elección del combustible es importante, pues dependiendo de lo que utilicemos los alimentos adquirirán un sabor diferente. Por supuesto jamás usaremos basura o desperdicios. Buscaremos madera, y preferiblemente no resinosa. Si producen poco humo las rociaremos con agua de vez en cuando.

Otro métodos es cortar la fruta, las verduras, la carne o el pescado en lonchas muy finas y exponerlas a un ambiente seco. El sol acelera este proceso aunque no es necesario. Para ello colocaremos las lonchas sobre piedras, ramas o simplemente colgadas y expuestas al aire. No debemos olvidar darle la vuelta de vez en cuando, evitar que queden zonas sin secar y que se acerquen las moscas. La carne o el pescado que obtengamos así tendrá buen sabor incluso sin cocinar.

Si disponemos de sal podemos utilizarla para secar y conservar nuestra caza y pesca. Es necesario también cortarlo todo en lonchas finas y recubrirlo de sal, que eliminará de esta manera la humedad aumentando el secado y eliminando el medio en el que se desarrollan las bacterias. Este sistema tiene un inconveniente: los alimentos así conservados nos darán bastante más sed.

CONCEPTOS FUNDAMENTALES

- Encontrarnos en la naturaleza no es motivo para alimentarnos incorrectamente.
- Por el contrario una actividad física superior a la habitual requiere un aporte extra de calorías.
- Una alimentación equilibrada tendrá un aporte porcentual de calorías: Un 30% de las mismas corresponderán a proteínas, un 60% a carbohidratos y un 10% a grasas.
- En situaciones de emergencia es más sencilla la recolección que la caza y la pesca.
- Cocinar los alimentos nos proporcionará diversas ventajas físicas y psicológicas.
- Es necesario conservar los alimentos en buen estado el mayor tiempo posible.

NUDOS BÁSICOS

Cada día empleamos nudos de forma mecánica, casi sin darnos cuenta. Cuando nos anudamos los zapatos o la corbata, para cerrar las bolsas de basura, etcétera. Sin embargo, raramente utilizamos más de dos o tres nudos distintos. Cada actividad deportiva tiene unos nudos característicos, diseñados y pensados para satisfacer unas necesidades concretas y resultar tan seguros como sea posible.

Un nudo es una valiosa herramienta para los aficionados a los deportes al aire libre.

Determinadas disciplinas deportivas nos exigirán un conocimiento profundo de sus nudos, pues de ellos podría depender nuestra vida. Para los aficionados a los deportes al aire libre, aquellos que disfrutan de cualquier actividad en plena naturaleza, necesitarán conocer al menos unos cuantos nudos básicos para solventar los problemas más comunes. Antes, sin embargo, realicemos un repaso por la historia de los nudos, sus aplicaciones y por los distintos tipos de cuerdas y sus características.

Historia

Mucho antes de la aparición de las modernas cuerdas sintéticas ya se elaboraban efectivas cuerdas de fibras vegetales y se hacían nudos con pieles de animales. En la Edad de Piedra los cazadores ya empleaban algunos nudos

Algunas disciplinas deportivas, como por ejemplo la escalada, no podrían practicarse sin el concurso de unos nudos que permiten asegurarse e incluso progresar por las cuerdas.

Muchos de los nudos que se conocen en la actualidad proceden de los hombres de mar.

en la elaboración de las trampas, pero también estaban presentes en sus ropas y en la fabricación de sus refugios. Desde entonces nos hemos valido de ellos.

Muchos de los nudos que conocemos hoy en día ya se empleaban hace miles de años. El mar y los nudos marineros son la cuna de muchos otros nudos que actualmente se utilizan en actividades deportivas de todo tipo. También los hombres del campo, cazadores, pescadores, agricultores y ganaderos, precisaron en su vida ordinaria de los nudos y propiciaron esa evolución con la incorporación de otras muchas soluciones igualmente útiles y efectivas.

Incluso en los deportes más modernos se necesita en alguna ocasión emplear un nudo. La correcta elección del mismo es fundamental.

¿Qué es un nudo?

Cada momento y cada situación requiere un nudo concreto y la correcta elección del mismo garantiza que resulte efectivo. Un nudo es una estructura estable realizada a partir de una o varias cuerdas (cabos, líneas, etc...) con el fin de unirlas entre sí, unirlas a un objeto o bien con el propósito de acortar dichas cuerdas.

La ejecución del nudo puede hacerse de dos formas diferentes: por seno o por chicote. Los nudos por seno son aquellos que se realizan tomando la cuerda en doble, de forma que ninguno de sus extremos, llamados chicotes, interviene en la elaboración del mismo. Un nudo por chicote, por lo tanto, será aquel que se realiza con la intervención de alguno de los extremos de la cuerda.

Todos los nudos que se pueden hacer por seno pueden ejecutarse por chicote, pero no al revés. Se considera que el mismo nudo obtenido por cada uno de los dos sistemas da por resultado un nudo diferente cuyas aplicaciones son por lo tanto también distintas.

Existen diferentes tipos de nudos y se encuentran agrupados en función de su utilidad y estructura. Así se distinguen los bucles, las gazas, las uniones o las vueltas. Los nudos de pesca que se realizan sobre líneas muy finas forman un grupo independiente.

Hay una gran variedad de nudos y resulta complicado e innecesario conocerlos todos. Bastará con aprender unos cuantos nudos básicos y ser capaces de realizarlos sin problemas, con rapidez y eficacia, en cualquier circunstancia. Por ello es fundamental usar cada nudo para su aplicación concreta, lo que redunda, principalmente, en la seguridad.

Propiedades y elección de los nudos

El uso de los nudos responde a una situación en la que es preciso asegurar algo, y sea lo que sea, siempre esperamos que el nudo se mantenga en su lugar y nos proporcione seguridad. Como es lógico elegiremos uno adecuado para cada caso y esa elección debe basarse tanto en las aplicaciones propias del nudo como en las características que su propia estructura le otorguen.

Una de las principales propiedades de un nudo es su resistencia. No todo el mundo sabe que todo nudo realizado sobre una cuerda la debilita. Por sencillo que sea el nudo la cuerda sufrirá esta merma en su resistencia, que puede ir desde el cinco hasta el cincuenta por ciento sin que importe el material de que esté constituida.

La seguridad supone otra de las cualidades fundamentales de un nudo. La seguridad de un nudo depende de varios factores y principalmente se refiere a la capacidad de ese nudo para mantenerse en su lugar, sin deslizarse, a pesar de la carga o la tracción a la que se someta la cuerda. Por este motivo se debe tener en cuenta que cuanta mayor superficie de contacto exista entre el objeto atado o entre la cuerda, más seguro será el nudo. De la misma forma una cuerda rugosa aguantará mejor los nudos que otra lisa.

El azocamiento hace referencia a la forma en que un nudo se aprieta cuando se ha ejercido una fuerza sobre la cuerda. Aunque es vital que los nudos no se deslicen no es bueno que se aprieten demasiado. Los nudos que se azocan en exceso pueden obligar a cortar la cuerda para poder deshacerlos por lo que determinados nudos no son adecuados para actividades en las que vayan a sufrir una tracción excesiva o tirones que puedan azocarlos.

Antes de elegir un nudo deberemos tener en cuenta su resistencia, su seguridad y si va o no a azocarse. Tampoco se deben olvidar otros factores como el volumen del propio nudo, una vez terminado, y si esta particularidad va a influir en su uso, la facilidad con que pueda realizarse o deshacerse o la rapidez de ejecución.

Algunos nudos son apropiados siempre que vayan a estar sometidos a una constante tensión pues se mantendrán en su lugar sin deslizarse, pudiendo hacerlo cuando esa tensión desaparezca. Ese mismo nudo puede deshacerse si la tensión de la cuerda es intermitente o si sufre un tirón inesperado. La elección depende del uso, del tipo de cuerda y de las particularidades de cada ocasión.

Elegir correctamente el nudo adecuado para una situación concreta y ejecutarlo con rapidez y efectividad es

Sujetar con seguridad un objeto a la baca de un vehículo es posible seleccionando el nudo adecuado y realizándolo de la manera correcta.

algo que sólo se alcanza con la práctica. No basta con hacerlo un par de veces y almacenarlo en la memoria pues cuando nos haga falta sólo será un recuerdo borroso del que no sacaremos ningún provecho.

Los nudos deben constituir un conocimiento sólido, tanto en su ejecución como en sus aplicaciones, de forma que cuando sean necesarios puedan realizarse automáticamente, casi sin pensar, de la misma manera que hacemos una lazada cuando nos anudamos los zapatos.

Firme   **Seno**

Nudo

Chicote

PARTES DE UN CABO

Se distinguen cuatro partes fundamentales en un cabo: el firme, el seno, el propio nudo y el chicote.

El firme es la parte de la cuerda alrededor de la cual se hace el nudo. El firme no interviene en la elaboración del mismo. El seno es la curva que forma la cuerda cuando se hace un nudo. Ya hemos visto lo que es un nudo. El chicote es el extremo de la cuerda que interviene directamente en la elaboración del nudo.

Las cuerdas

Las cuerdas, son una parte fundamental del equipo en multitud de disciplinas deportivas. En lo que genéricamente se conoce como cuerdas, se distinguen diferentes grosores, y se emplean distintos materiales en su fabricación así como distintas técnicas en su elaboración.

Atendiendo a su grosor podemos distinguir los calabrotes, que son las más gruesas, se emplean para amarrar los grandes barcos a los puertos y tienen un diámetro de 100 milímetros. Entre los 100 y los 50 milímetros encontramos los calabrotillos y las estachas. Las conocidas maromas serían las siguientes en esta clasificación descendente por diámetro con un grosor que varía entre los 50 y los 30 milímetros. Las sogas cuentan con un grosor de entre 30 y 15 mm.

Aunque su nombre denomina genéricamente a las demás, las cuerdas o cabos son aquellas cuyo diámetro se encuentra comprendido entre los 15 mm

y los 8 mm. De los 8 a los 2 milímetros se llaman cordinos o cordeles. De un diámetro inferior se llaman comúnmente hilos y son empleados en costura, sutura y pesca, entre otros usos.

Si nos fijamos en sus materiales encontramos las elaboradas a partir de fibras naturales. Entre ellas destaca el cáñamo, la manila, el sisal y el coco. La mayoría de estas fibras se ha ido sustituyendo por los nuevos materiales sintéticos, más resistentes y seguros.

Las fibras artificiales son las más utilizadas hoy en día por sus mejores prestaciones. Son más ligeras, menos voluminosas, no se pudren y tienen una gran resistencia a la tracción, a la abrasión y a los efectos del agua o la luz solar, así como a los productos químicos. Las más utilizadas son el nylon, el polipropileno o el kevlar, entre otras.

Otra posible clasificación de las cuerdas, y que constituye otro factor a tener en cuenta a la hora de elegirlas, es la estructura de las mismas, es decir,

la forma en la que están elaboradas. Atendiendo a su estructura podemos distinguir cuerdas trenzadas, compuestas, monofilamento y las cintas.

En el mercado existen diferentes tipos de cuerdas compuestas, cada una de las cuales está pensada para un uso específico. Hay que distinguir entre cuerdas dinámicas y estáticas. Las primeras se utilizan principalmente en

escalada, son muy elásticas pues deben amortiguar la parada en una posible caída. Las cuerdas estáticas, o semiestáticas, también flexibles, pero mucho menos que las anteriores, son más seguras en la progresión y capaces también de frenar al deportista en caso de producirse una caída. Se utilizan en deportes como la espeleología y el descenso de barrancos.

Cada cuerda tiene un uso específico. Es conveniente conocerlas para determinar sus puntos débiles y sus ventajas. Aquellas cuerdas de las que vaya a depender nuestra vida, como en el caso de los deportes de montaña, deben cuidarse con mimo y conservarse en las mejores condiciones.

Los nudos

SÍMBOLOS EMPLEADOS

Punto de aplicación de la fuerza: es la zona de la cuerda de la que hay que tirar para elaborar el nudo.

Flecha azul: indica que el chicote pasará por debajo de la cuerda en el siguiente paso.

Flecha verde: indica que el chicote pasará por encima de la cuerda en el siguiente paso.

Flecha roja: indica la dirección y sentido de la fuerza que debe aplicarse para dar el último paso y terminar el nudo.

Flecha morada: indica que el cabo con el que se realiza el nudo se encuentra en tensión.

Gaza sencilla

La gaza sencilla es uno de los nudos que cualquiera sabe realizar y que se hace de forma instintiva. Sin embargo, no debemos utilizar este nudo para cualquier ocasión ya que una vez que se aprieta es difícil de deshacer. Por lo tanto no lo someteremos a mucha tensión a menos que no necesite ser deshecho.

Habitualmente se emplea para colgar objetos y realizar amarres rápidos, pues se ejecuta con mucha facilidad y rapidez. También sirve como nudo de tope. La principal desventaja de este nudo es que hace perder alrededor de un 50% de resistencia a la cuerda en la que se haga.

Nudo sencillo de unión

Éste es uno de los nudos que todo el mundo sabe realizar. Se utiliza, por ejemplo, como tope en los extremos del hilo de coser cuando se coloca doble. También se puede utilizar como tope en el extremo de las cuerdas durante un rápel cuya altura no se ha calculado bien. Los usos de este nudo deben restringirse pues se trata de una unión poco segura que tiende a deshacerse si se someten las cuerdas a tensiones opuestas.

Ocho

Se trata del nudo de tope más importante para los navegantes, que lo emplean en los aparejos de trabajo. Su nombre lo recibe por su forma característica que una vez finalizado nos recuerda al número al que hace alusión. Su apariencia le otorga la simbología de los efectos cruzados. También se le conoce como doble nudo o lasca, nombres que recibe por su utilización en heráldica como símbolo del amor leal.

Se utiliza principalmente en náutica para evitar que las escotas de las velas se escapen a través de los escoteros, unos orificios que les sirven de guía. La ventaja frente al medio nudo es que se deshace mejor en cualquier circunstancia.

Unión de ocho doble

Este nudo se utiliza para unir dos cuerdas y consiste en un nudo de ocho en el extremo de un cabo. El chicote de la otra cuerda sigue el camino de la primera, tal y como se muestra en la imagen, obteniendo así una unión extraordinariamente fuerte y fácil de realizar. Apenas se desliza y cuenta con la ventaja de no azocarse tanto como otros nudos.

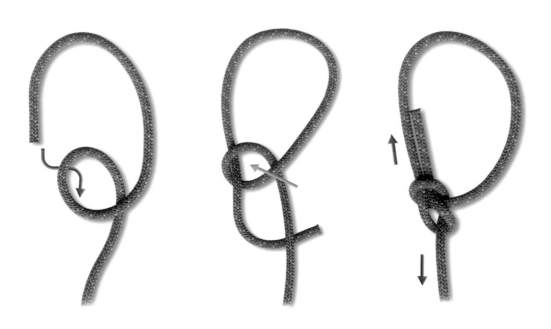

As de guía

El as de guía es un nudo muy utilizado y conocido. Es muy apreciado por los marinos y navegantes que han encontrado en él a un valioso aliado. Su particularidad es que forma una gaza fija al extremo de un cabo al que se puede sujetar cualquier objeto o bien otro cabo.

En el mar se le utiliza para mover aparejos, elevar cargas, operaciones de unión y en trabajos de salvamento, lo que da una idea de su seguridad.

Las ventajas de este nudo son que no se desliza, ni se afloja y además no muerde el cabo. Aun cuando sometamos el cabo a un esfuerzo considerable se aflojará con facilidad empujando hacia fuera el chicote que rodea el firme. Sin embargo, si se emplea en cabos muy rígidos puede aflojarse solo.

Nudo de rizo

Es uno de los nudos más conocidos que ya se utilizaba a finales de la Edad de Piedra. Se emplea habitualmente para unir dos cabos de igual diámetro y del mismo material.

Es muy sencillo de realizar y de recordar por lo que suele ser una de las opciones preferidas por aquellos que conocen pocos nudos. Sin embargo, no se trata de un nudo demasiado seguro, por lo que no lo utilizaremos cuando la atadura deba someterse a tensión.

También se conoce como nudo llano o nudo cuadrado. El nombre de nudo de rizo le ha sido dado por los marinos que lo emplean para unir los dos extremos de un cabo cuando se riza una vela.

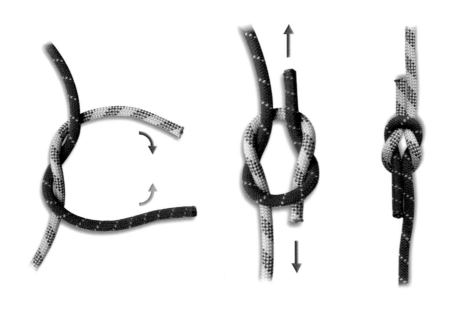

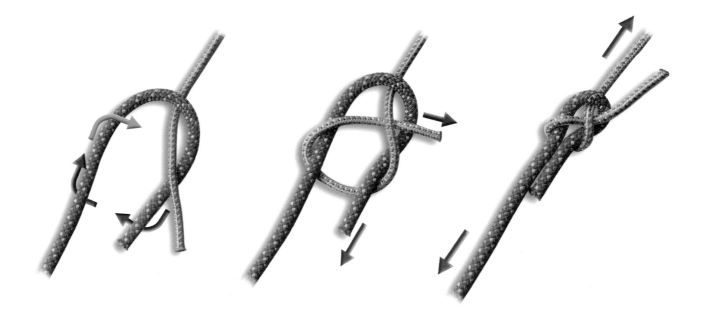

Vuelta de escota

Es la unión adecuada para dos cuerdas de diferente diámetro o bien cuando una de las cuerdas es más rígida que la otra. En estas condiciones ofrece mucha más seguridad que otro tipo de nudos, aunque no es seguro al cien por cien y debemos evitar someterlo a una tensión excesiva.

Este nudo se conoce también como nudo de tejedor o nudo de bandera, pues se emplea para atar las esquinas de las banderas a las cuerdas para arriarlas o izarlas. En un nudo rápido y fácil de hacer. Bajo fuertes tensiones puede azocarse.

Nudo de chicote corto

Este nudo se utiliza cuando es necesario unir dos cabos, uno de los cuales es demasiado corto. En la cuerda más larga se realiza un nudo corredizo por el que se hace pasar el chicote corto, tal y como se muestra en las imágenes. Siguiendo los pasos que se indican el nudo se transformará en un nudo de tejedor.

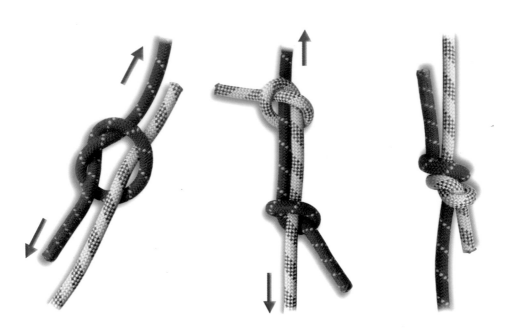

Nudo de pescador

Es uno de los nudos más conocidos entre montañeros y pescadores. Se emplea para unir dos cabos de igual sección y pequeño diámetro. Los pescadores lo utilizan para unir las líneas de pesca. Se trata de un nudo seguro y resistente para las aplicaciones convencionales. Puede azocarse pero se deshace con facilidad.

Según se dice, este nudo se inventó en el siglo XIX aunque también hay referencias que lo sitúan en la antigua Grecia. También se le conoce como nudo inglés, nudo halibut, nudo del barquero e incluso nudo de los enamorados.

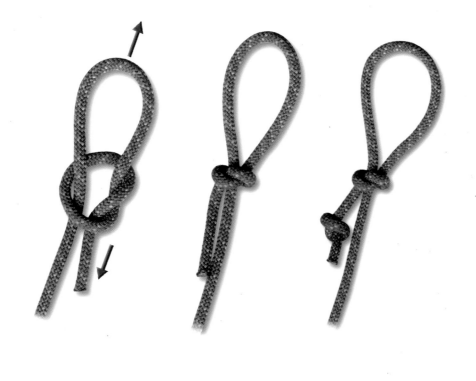

Lazo corredizo

Éste es el más sencillo de los nudos corredizos, el que casi todo el mundo sabe realizar o hace de forma instintiva y también el que ofrece menos seguridad. Se mantiene estable siempre que reciba una tensión constante pero no es adecuado para soportar grandes cargas.

Ya que no necesita demasiada cuerda para ejecutarse es adecuado como vuelta o ligada alrededor de objetos que no permitirían otros nudos. Para mejorar su seguridad es aconsejable añadir un medio nudo en el chicote para evitar que se deslice.

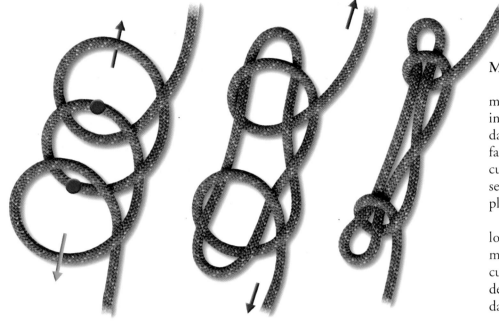

Margarita

La margarita es uno de los nudos marineros más conocidos y cuenta con innumerables ventajas, como su seguridad, la facilidad con que se deshace y la facultad de no azocarse en ninguna circunstancia. Todo ello le ha valido que se utilice también en multitud de disciplinas muy variadas.

Su función es de acortamiento, por lo que uno de sus usos más útiles es mantener una parte dañada de una cuerda fuera de tensión, sin la necesidad de cortar esa parte. En ese caso la parte dañada debe quedar entre los lazos.

Si todas las partes de la cuerda se encuentran sometidas a la misma tensión, el nudo de margarita se mantiene, a pesar del tiempo transcurrido, sin dañar la cuerda.

Nudo de cabeza de alondra

El nudo de cabeza de alondra es también un nudo muy conocido y seguro, siempre que se realice con la cuerda en doble. Sus usos son muy variados, como por ejemplo arrastrar o suspender una carga. Con la cuerda en simple puede deslizarse. Se puede obtener este nudo sin querer al realizar mal un ballestrinque que es mucho más seguro.

Ballestrinque

Conocido y muy útil, este nudo tiene la ventaja de hacerse con facilidad. Se utiliza para fijar una cuerda a un poste, una barra o incluso a otro cabo y permite dar tensión a la cuerda. Con algo de práctica puede hacerse con una mano. Su tendencia a deslizarse con cargas medias o fuertes que actúan sobre él en diferentes ángulos lo convierten principalmente en un nudo provisional. Para aumentar su estabilidad pueden añadirse dos medios cotes sobre el firme o realizar el nudo de tope en el chicote.

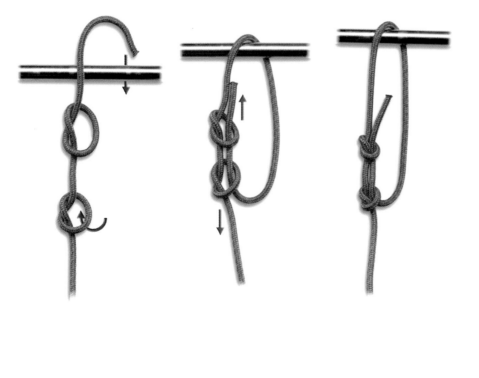

Nudo tensor de tienda

Es el nudo adecuado para, como su propio nombre indica, servir de tensor para una tienda de campaña. Se trata de un nudo de sencilla ejecución y también muy rápido de hacer pero cuenta con el inconveniente de que puede resbalar en algunos tipos de cuerdas.

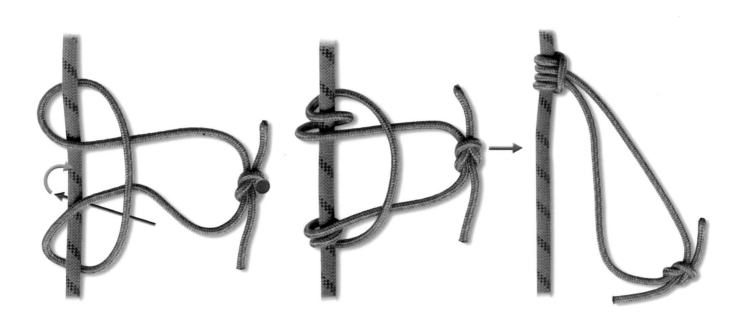

Nudo prusik

Descubierto en 1931 por el Dr. Carl Prusik, se convirtió inmediatamente en un aliado de los escaladores, a los que permitía subir por una cuerda colocando en ella dos de estos nudos y alternando su peso sobre ellos. El prusik es un nudo autoblocante que se desliza libremente por la cuerda hasta que se carga peso lateral sobre él.

Este nudo debe hacerse siempre con cordino de un diámetro inferior a la cuerda por la que se quiere subir. Cuanto menor sea la diferencia de diámetro, mayor número de vueltas deberá darse al cordino. Este nudo puede no ser efectivo sobre cuerdas mojadas o heladas.

Nudo dinámico

El nudo dinámico es tremendamente útil en alpinismo, permitiendo a un escalador asegurar a un compañero. En caso de producirse una caída del escalador que va en cabeza, el nudo bloquea la cuerda, mientras que durante la escalada permite al que asegura ir proporcionando cuerda.

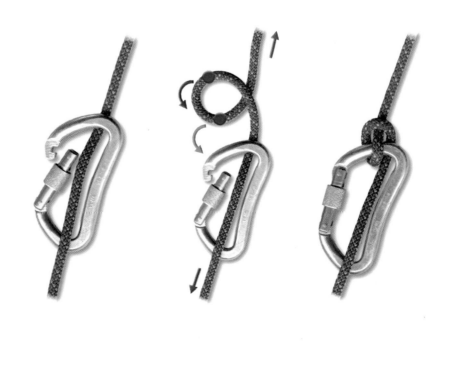

Nudo de cinta

En determinadas circunstancias será necesario emplear una cinta en lugar de una cuerda. Los nudos anteriores realizados sobre las cintas pueden deslizarse y por lo tanto no resulta segura cualquier elección. De hecho, el único nudo recomendado que ofrece seguridad sobre cintas planas es el que se muestra en las imágenes.

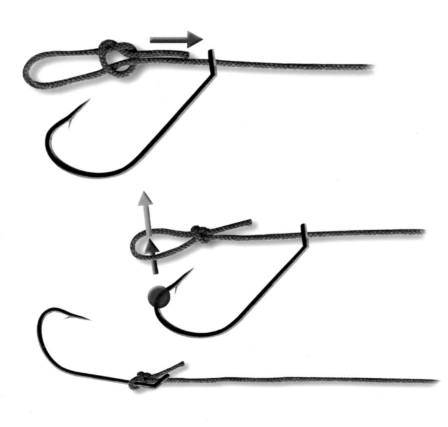

Nudo turle

El nudo turle es el adecuado para la pesca de la trucha y especies afines, tanto con mosca como con cucharilla. Permite sujetar las moscas con anilla al bajo de línea, tanto hacia abajo como hacia arriba. La principal ventaja de este nudo es su simplicidad de ejecución aun con líneas muy finas. Su nombre proviene del mayor Turle, de Devon, Inglaterra.

CONCEPTOS FUNDAMENTALES

- Cada momento y cada situación requiere un nudo concreto y la correcta elección del mismo garantiza que resulte efectivo.

- El uso de los nudos responde a una situación en la que es preciso asegurar algo, y sea lo que sea, siempre esperamos que el nudo se mantenga en su lugar y nos proporcione seguridad.

- Todo nudo realizado sobre una cuerda la debilita.

- Antes de elegir un nudo deberemos tener en cuenta su resistencia, su seguridad y si va o no a azocarse.

- Elegir correctamente el nudo adecuado para una situación concreta y ejecutarlo con rapidez y efectividad es algo que sólo se alcanza con la práctica.

- Para no olvidar los nudos conviene practicar a menudo.

- Aquellos lectores que quieran profundizar más en el mundo de los nudos pueden acudir a *La enciclopedia de los nudos* de esta misma colección, en la que se muestran paso a paso más de 100 nudos.

CLIMATOLOGÍA

Siempre que nos dispongamos a realizar cualquier actividad en la naturaleza debemos contar con la mayor cantidad de información posible del lugar al que pensamos dirigirnos. Como veremos en el próximo capítulo parte de ese estudio se centrará en el propio terreno, gracias al uso de un mapa. Pero no debemos olvidar otros factores, como por ejemplo el clima, que son de una gran importancia.

El color del cielo al atardecer o el tipo de nubes que lo adornen pueden proporcionarnos la información necesaria para conocer la evolución atmosférica de las próximas horas.

El clima de cada lugar determinará la elección del equipo, la vestimenta, el tipo de actividades que podremos realizar, las características de nuestro refugio, etcétera. Puede influir en nuestro descanso, salud e incluso en nuestra supervivencia. Por todo ello, además de informarnos previamente de las condiciones climatológicas reinantes en nues-

tro destino y las previsiones para los días siguientes, es conveniente conocer algunos signos de la naturaleza y las condiciones climatológicas que indican. Sin embargo, como sucede con las previsiones de los hombres del tiempo que aparecen en la televisión, las nuestras no serán completamente seguras, en realidad mucho menos que las suyas.

Como decía durante una entrevista Eduardo Coca, director del Instituto Nacional de Meteorología, «las predicciones se hacen para grandes áreas», es decir, las condiciones de zonas particulares, influidas por gran cantidad de factores, pueden variar de forma significativa del resto de la región o el país. Esto no quiere decir que las prediccio-

nes de los expertos no sean válidas, sino que debemos informarnos, si nos es posible, en los centros regionales o locales para una mayor precisión. Lo ideal en cualquier caso es ser capaz de reconocer un cambio en el clima por las indicaciones que nos proporciona la propia naturaleza.

Los refranes populares, por regla general, son bastante fiables aunque en ocasiones son contradictorios o poco precisos. «Cuando el cielo está rojo, marino abre el ojo» y «Cielo rojo de madrugada ten la capota echada, cielo rojo de noche descubre el coche». ¿Cuál de los dos es el correcto? Puede que ambos. Cada región puede tener unas características únicas y muy diferentes de otras.

La planificación previa a nuestra salida a la naturaleza y la experiencia serán importantes aliados para evitar desagradables sorpresas. Algunas actividades, como el descenso de barrancos por ejemplo, requieren un perfecto conocimiento del clima, pues una tormenta en la zona alta del barranco puede convertirse en una riada en su zona baja, capaz, como lamentablemente ya ha sucedido, de causar un accidente mortal.

Señales de la naturaleza

El cielo, los astros, los animales… Todos ellos pueden informarnos, si sabemos observar, la evolución del clima para nuestro futuro inmediato. Ese conocimiento nos permitirá anticipar nuestras acciones y, por lo tanto, nos evitará problemas.

Indicadores de mal tiempo

Son indicadores de mal tiempo el vuelo bajo de las golondrinas y otras aves insectívoras, cuyas presas también vuelan bajo antes de la lluvia.

La luna rodeada de un halo es también claro símbolo de mal tiempo, como las puestas de sol de color amarillo pálido.

Las nubes de diversos tipos que se mueven desordenadamente o en jirones a baja altura.

La ausencia de rocío en verano, o los cielos excesivamente claros.

La niebla baja que se forma en los valles al atardecer y al anochecer son signos de una helada. Ante esa señal prepararemos un buen refugio y esperaremos el hielo bien abrigados.

Indicadores de buen tiempo

Signos de buen tiempo son el rocío por las mañanas.

Las golondrinas que vuelan alto.

La neblina lejana que oculta el horizonte o las montañas.

Las nubes aisladas que siguen la dirección del viento.

Una de las situaciones más peligrosas derivadas del mal tiempo es una tormenta. Según nuestra situación y el lugar en el que nos sorprenda, los ries-

La observación de la naturaleza, hasta de las criaturas más pequeñas, nos proporcionará pistas sobre la evolución de las condiciones climatológicas.

En determinados deportes, conocer las previsiones atmosféricas es fundamental. Eso ocurre con todos los relacionados con la montaña. No hace falta pensar en grandes escaladas para saber que una tormenta en plena montaña puede ser muy peligrosa. En el descenso de barrancos, por ejemplo, también es de vital importancia conocer el estado de la atmósfera. Una crecida inesperada del caudal del río puede suponer un gravísimo riesgo para los aventureros.

Tormentas

gos serán mayores. Todo el mundo sabe que durante las tormentas eléctricas hay que evitar los árboles o situarse junto al ganado, lo que no evita que sea un buen árbol aislado uno de los refugios preferidos. «En mitad de este campo sería muy difícil que un rayo me cayese justo encima», pensé unos segundos antes de ver una cruz desgastada por los elementos que indicaba que allí mismo un rayo había matado a un vecino de la localidad. Pensar que sería mucha casualidad que un rayo cayese sobre el árbol bajo el que estamos no nos servirá de nada después de haber sido alcanzados por uno.

Algo que muchas personas no saben es que en la montaña el peligro no sólo viene del cielo, sino también del suelo que conduce la electricidad. Desprenderse de los objetos metálicos es el

Ante una tormenta eléctrica hay que evitar ciertos lugares y actitudes.

primer consejo. Colocaremos todos esos objetos —la armadura de la mochila, el cuchillo, las varillas de la tienda—, alejados de nosotros, y deberemos colocarnos sobre una superficie seca y aislante, como un plástico. Caminar por terrenos despejados o correr, colocarse bajo árboles, en una cima, junto a un arroyo o bajo un saliente, puede ser el preludio de recibir una descarga mortal.

Lo más seguro es colocarse junto a una pared alta, no pegados a ella, sino a una distancia de entre dos y ocho metros e intentar permanecer seco y aislado del suelo. No hay que olvidar que un rayo puede desplazarse casi a la mitad de la velocidad de la luz.

Pero incluso sin el peligro de las descargas eléctricas propias de las tormentas, la lluvia puede constituir un factor de riesgo o cuando menos una molestia. Los cauces secos pueden inundarse por efecto de una tormenta fuerte, las rocas estarán resbaladizas. Si nos encontramos en una cueva, el nivel del agua puede subir y dejarnos atrapados en su interior. Lo mínimo

Si nos sorprende una tormenta en la montaña lo mejor será detenernos junto a una pared alta, separados de la misma unos dos metros. Nuestro equipo con todas las piezas metálicas deberá estar prudentemente separado de nosotros. También es recomendable colocarnos sobre una superficie que no conduzca la electricidad.

Un árbol solitario no es un buen refugio durante una tormenta.

que nos ocurrirá si no hemos sido previsores es que acabemos empapados. Dependiendo de nuestra situación eso puede suponer un verdadero peligro.

Aun en verano es recomendable llevar un chubasquero en nuestro equipo, máxime si vamos a la montaña, donde las tormentas se presentan muy rápidamente y pueden ser muy violentas. En un viaje largo esa prenda será indispensable. En un recorrido que realicé con unos amigos por Madagascar en bicicleta, que nos tuvo pedaleando un mes y medio, sólo utilicé el chubasquero una vez. El resto del camino tuve que cargar con él para nada. Sin embargo, cuando la lluvia nos sorprendió subiendo un largo puerto al principio del viaje, estábamos preparados. Haber caído enfermos en aquel momento habría supuesto el final de más de un año de preparativos.

En ocasiones deberemos cargar con un chubasquero para nada, pues no será necesario. Sin embargo sería mucho peor precisar de él y haberlo dejado en casa.

Insolaciones

Tan peligroso como no contar con una protección adecuada para el frío o la lluvia puede ser no tenerla para el sol.

Otro de los peligros más comunes derivados del clima es sufrir una insolación. Es muy peligroso y dependiendo de su gravedad, puede ser incluso mortal. Una exposición prolongada al sol puede producir mareos, náuseas, vómitos, fiebre, e incluso pérdida de la conciencia y la muerte. Para evitarlo debemos resguardarnos del sol, principalmente la cabeza. Si no disponemos de nada con que taparnos, procuraremos fabricarnos una sombrilla o un sombrero con elementos vegetales.

Una exposición al sol excesiva del resto del cuerpo nos producirá efectos muy similares. Aunque es agradable recibir el sol en la piel o queramos aprovechar para ponernos morenos, no olvidemos ser moderados. Pasado un tiempo prudencial nos cubriremos con una camiseta.

Las personas de piel más oscura pueden sufrir también los efectos de un abuso de sol, aunque son aquellas de piel más clara las que deben extremar las precauciones.

CONCEPTOS FUNDAMENTALES

• Es necesaria una buena planificación, así como informarse de las previsiones para la zona a la que pensamos viajar.

• Conviene reconocer las señales de la naturaleza que nos indican cambios en las condiciones atmosféricas.

• No olvidemos llevar equipo para cualquier eventualidad, pues, por definición, la naturaleza es imprevisible.

• Si nos disponemos a realizar actividades de riesgo que pueden verse afectadas por el clima (espeleología, descenso de barrancos, montañismo, etc.) extremaremos nuestras precauciones y cuidaremos al máximo la planificación y la información.

ORIENTACIÓN

Contar con unos sólidos conocimientos de orientación nos permitirá optimizar nuestros recursos y disfrutar de cualquier experiencia en la naturaleza de una forma más plena. Seremos más precisos y eficaces a la vez que evitaremos perdernos, o en caso de que esto ocurra, nos permitirá solucionar el problema.

Desde la Torre de Hércules, en A Coruña (España) se puede ver una gigantesca rosa de los vientos frente al mar.

Antes de comenzar deberemos recordar ciertos conceptos básicos que aparecerán frecuentemente en las próximas páginas. Como todos sabemos, el sol aparece en el horizonte por oriente (levante) y, tras seguir un arco de circunferencia, desaparece por la zona del horizonte a la que llamamos occidente (poniente). El sol es quizá el sistema más conocido para orientarse sin instrumentos. En el hemisferio boreal, es decir, nuestro hemisferio, sabemos que a mediodía, cuando el sol se encuentra en su punto más alto, señala el sur. También sabemos que en

el momento de salir el sol señala el este y cuando se pone, el oeste. Esto no es tan preciso ni tan sencillo como puede parecer, pero en cualquier caso nos permite gracias a ello determinar en cualquiera de esos momentos el resto de los puntos cardinales. En el otro hemisferio, el sol, en su punto más alto, indicará el norte y no el sur.

Al igual que el sol, las estrellas realizan desde el momento de su aparición y hasta que desaparecen, un movimiento aparente de rotación. Según nos encontremos en un punto de la Tierra u otro, el cielo nos mostrará di-

ferentes constelaciones. En ellas comprobaremos que existe un punto central que representa el eje imaginario de ese movimiento aparente, y las estrellas que se encuentren en ese punto permanecerán fijas para un observador que se encuentre en la Tierra. Más adelante veremos qué estrellas son y qué dirección indican.

Además del sol y las estrellas, en el pasado se recurrió a otros fenómenos naturales, como los vientos, para establecer una posición en el mundo. La representación gráfica de los puntos cardinales y de los vientos predominantes dio lugar a la rosa de los vientos, a la que se fueron añadiendo nuevas direcciones hasta las 32 de las que consta actualmente. La rosa de los

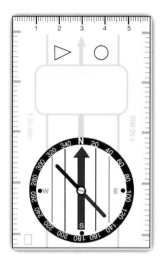

Eje imaginario terrestre.

vientos forma una circunferencia dividida en grados (360°), lo que nos permite determinar una dirección con mucha más precisión. Así, el norte corresponde a los 0°, el este a los 90°, el sur a los 180° y el oeste a los 270°.

La dirección (acimut) y la distancia nos facilitan las coordenadas topográficas de un punto. La distancia es

División de la Tierra en parámetros.

la medida en metros, kilómetros, etc., entre el observador (que se encuentra en el centro de esa circunferencia) y un punto considerado. El acimut es el ángulo formado por la línea imaginaria que une al observador con el norte y la que une al observador con un punto determinado. Se mide en grados de esa circunferencia desplazándose por ella en el sentido de las agujas del reloj.

Las coordenadas geográficas son el resultado de asignar un valor numérico a cada lugar de nuestro planeta, dividido mediante el uso de paralelos y meridianos. La Tierra efectúa un movimiento sobre sí misma girando alrededor de un eje imaginario: es el movimiento de rotación. Ese eje imaginario pasa por ambos polos terrestres y nos va a servir como punto de referencia para realizar

las divisiones siguientes de la superficie terrestre.

La primera de esa divisiones formará el ecuador terrestre y corresponde a la inserción de un plano perpendicular a ese eje y que pase por su centro. De esta forma dividimos nuestro planeta en dos mitades, equidistantes de ambos polos. Cada una de las mitades recibe el nombre de

División de la esfera terrestre en meridianos.

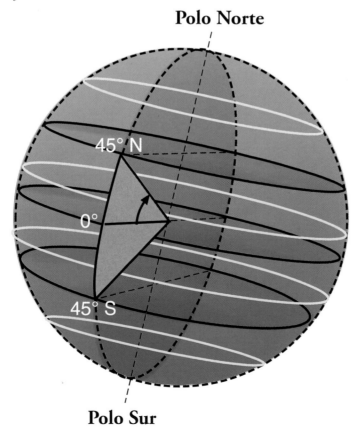

Polo Norte

45° N

0°

45° S

Polo Sur

hemisferio. Partiendo del ecuador se han realizado más divisiones en ambos hemisferios mediante nuevos planos perpendiculares al eje de rotación. Esto forma circunferencias paralelas entre sí que van disminuyendo de diámetro hasta que llegan a los polos, donde se convierte en simples puntos.

Pero para realizar un cálculo de posición necesitaremos seguir dividiendo esa naranja con nuevos planos perpendiculares a los paralelos y que a su vez pasan por el eje de rotación. Obtenemos así los meridianos, que corresponderían a los gajos de la naranja. Todas esas líneas imaginarias son las que aparecen representadas en los globos terráqueos. Entre los paralelos se eligió uno fundamental que sirviese como punto de partida para los cálculos: el ecuador, el de mayor diámetro y a partir del cual se puedo obtener la latitud. La latitud es la distancia que hay desde un punto terrestre al ecuador, medida en grados de meridiano.

Sobre el ecuador se encuentran los 0° que llegan a un máximo de 90° norte o sur dependiendo del hemisferio. Cada grado se divide en 60 minutos y cada minuto en segundos. Los trópicos (Trópico de Cáncer y Trópico de Capricornio) y los círculos polares (Círculo Polar Ártico y Círculo polar Antártico) son también paralelos.

Con la latitud podemos determinar nuestra posición a lo largo de una circunferencia alrededor de toda la Tierra (de un paralelo), es necesario por lo tanto determinar en qué punto de esa circunferencia nos encontramos. Para ello empleamos los meridianos, que nos proporcionarán otra de las coordenadas fundamentales, la longitud.

El meridiano de origen se estableció mediante un acuerdo internacional en 1884, eligiendo como meridiano 0 el que pasa por Greenwich (Londres, Reino Unido). Partiendo de él se puede determinar la longitud, que es la distancia, medida en grados, a lo largo del paralelo que pasa por el punto elegido.

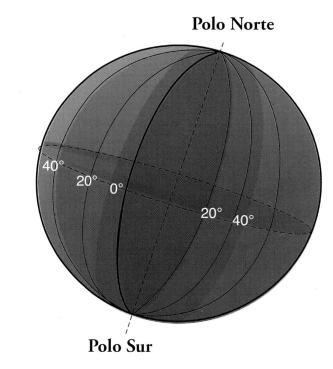

Polo Norte

Polo Sur

Para determinar la longitud precisamos de los meridianos. El meridiano de origen es el de Greenwich, que pasa por Londres.

La longitud viene dada en grados y en fracciones de grado, siendo de 0° para todos los puntos que se encuentren a lo largo del meridiano de Greenwich, llegando hasta un máximo de 180° para el meridiano que se encuentra en el lado opuesto de la Tierra. Mientras la latitud podía ser norte o sur, la longitud podrá ser este u oeste dependiendo a qué lado se encuentre del meridiano fundamental.

En determinados lugares perderse puede suponer la muerte, como ocurre en los desiertos.

Orientación sin instrumentos

Encontrarnos en plena naturaleza sin instrumentos de orientación es algo que puede ocurrir pero que debemos evitar. Un mapa de la zona que visitamos y una brújula serán más que suficientes para sacarnos de cualquier apuro y permitirnos establecer un rumbo a través de las montañas, los bosques, etc. Su poco peso y volumen y la importancia de contar con su ayuda los convierten en compañeros inseparables de cualquier aventura.

Pero si carecemos de ellos siempre podemos contar con nuestro instinto y con todo lo que la naturaleza ha colocado a nuestro alrededor.

Si queremos seguir una dirección, podemos fijarnos en un punto en el horizonte, trazar una línea hasta él y caminar sobre ella repitiendo la operación una vez lleguemos a ese punto. Sin embargo, si caminamos por un bosque espeso y carecemos de referencias lejanas, tenderemos a desviarnos, los diestros hacia la derecha y los zurdos hacia la izquierda. Si el sol está sobre nosotros y no prestamos atención, tenderemos a seguir su desplazamiento. En ambos casos, caminaremos haciendo un gran semicírculo en lugar de hacerlo en línea recta.

Si carecemos de brújula, hay muchas formas de encontrar el norte y con él, y como mínimo, la seguridad de caminar siguiendo una misma dirección, lo que nos hará recorrer más camino en menos tiempo y gastar menos energías. De todos los sistemas que existen para encontrar el norte sin brújula, suelen ser los más conocidos los menos útiles y fiables. Aquello de que hay más musgo en la cara norte de los árboles y las rocas, sin dejar de ser cierto, es raramente válido. En bosques húmedos el musgo estará por todas partes y la localización de la cara de mayor abundancia será en muchos casos una interpretación personal.

También es cierto que en los tocones de los árboles podremos apreciar que los anillos están más juntos en la parte norte, sobre todo en las coníferas; que las hormigas prefieren abrir las entradas a sus hormigueros orientadas al sur, que la nieve se mantiene más tiempo en la cara norte de las montañas, o que las aves en primavera vuelan rumbo al norte. En todos esos casos nos fiaremos de datos que nos proporcionan sucesos aislados que pueden estar influidos por mil circunstancias y que estarán sujetos a nuestra interpretación. Si dependemos de ellos, lo mejor es utilizar el mayor número posible de estos recursos y así contrastar la información obtenida de cada uno por separado.

¿Qué podemos hacer entonces? Nos veremos obligados a recurrir a otros recursos presentes al aire libre y que no se ven sometidos a cambios ni a interpretaciones, es decir, utilizaremos el sol, las estrellas y la luna para orientarnos. Pero esto no será tan sencillo, principalmente si nuestra aventura se desarrolla en latitudes alejadas de las nuestras habituales.

Todos hemos oído que en la cara norte de los árboles hay más musgo. Sin embargo, en ocasiones determinar dónde es más abundante el musgo no es tan sencillo.

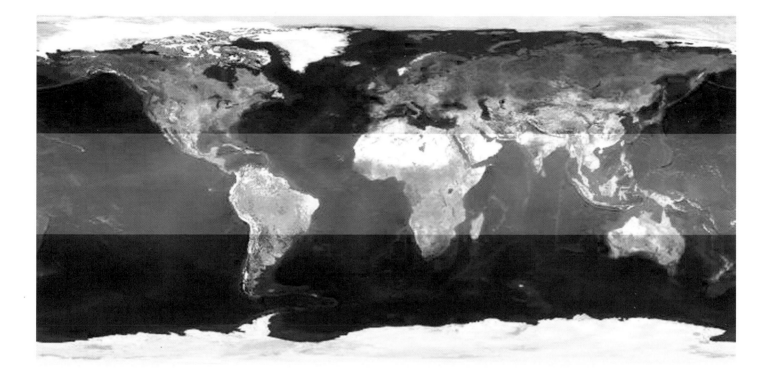

Por lo tanto, para emplear los astros en la orientación se deben distinguir tres posiciones diferentes. La primera al norte del Trópico de Cáncer. La segunda al sur del Trópico de Capricornio y una tercera situada en la franja intertropical, o lo que es lo mismo, la franja intermedia entre ambos trópicos.

Al norte del Trópico de Cáncer

La más popular entre todas las estrellas y entre todos los métodos fiables de orientación es el sol. Cada día dispondremos de dos momentos claves que nos ayudarán en esta tarea, el amanecer y el ocaso. Para que los datos sean fiables debemos contar con una buena visibilidad del horizonte lo que quizá sólo ocurra en el mar o en los desiertos. En cualquier caso no olvidemos que estamos realizando estimaciones para orientarnos sin instrumentos, por lo que inevitablemente cometeremos algunos errores.

Todo el mundo sabe que el astro del día aparece por el este y se oculta por el oeste. Sin embargo, lo que no sabe todo el mundo es que eso es una verdad a medias y que sólo se cumple fielmente dos días al año coincidiendo con los equinoccios de primavera y otoño. El resto del año se va desviando un poquito cada día, hacia el nordeste o el sudeste, según las fechas cuando sale y hacia el noroeste y el suroeste cuando se pone.

Aun sin conocer ese ciclo debemos saber que el sol, al mediodía, siempre señala al sur. Cuando el sol esté en su punto más alto, la dirección de nuestra sombra indicará el norte. Desde unos quince minutos antes de esa hora hasta quince minutos después, aproximadamente, el sol nos indicará el sur. Nuevamente deberemos tener en cuenta un detalle primordial que convertirá este método en útil o no. La hora oficial se adelanta sobre la solar dos horas en verano y una en invierno.

Si queremos una precisión mayor deberemos tener en cuenta también la división de la tierra en husos horarios de 150 kilómetros de ancho, que difieren en una hora de uno a otro. Esto supone que por cada grado de longitud la diferencia del tiempo local es de cuatro minutos.

Si todo esto nos resulta demasiado complicado o no estamos completamente seguros de la precisión de nuestro reloj, podemos emplear otro sistema para el que necesitaremos al menos una hora de nuestro tiempo. Lo que vamos a hacer es servirnos nuevamente del sol a mediodía y de la sombra que proyecte un objeto colocado verticalmente sobre un suelo plano. Gracias a ello seremos capaces de localizar el norte.

Media hora antes del mediodía seleccionamos un lugar adecuado, lo más plano y despejado posible. Clavamos en el suelo cualquier objeto vertical, por ejemplo un bolígrafo y marcamos el punto al que llega la sombra. Ahora debemos medir la longitud de esa sombra, para lo que podemos emplear cualquier método a nuestro al-

Mediante un reloj de pulsera y el sol podemos determinar el norte y el resto de direcciones.

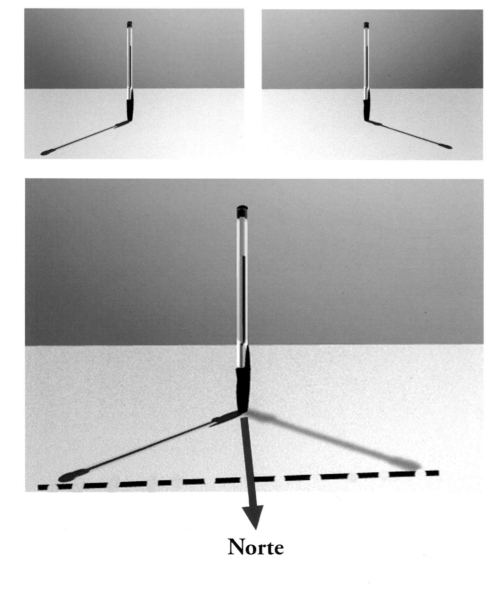

Norte

cance, incluso un trozo de cuerda. El siguiente paso será esperar a que la sombra, después del mediodía y aproximadamente una hora después de la primera marca, alcance la misma longitud, donde realizaremos otra señal. Ya estamos en disposición de determinar el norte, para lo que tan sólo debemos trazar una línea que, partiendo de la base del objeto, divida en dos la distancia entre ambas marcas.

El sol aún nos puede ayudar, mediante otro sistema, a localizar el norte. Para ello necesitaremos la colaboración de un reloj de pulsera de manecillas. El método que les propongo a continuación tiene la ventaja de que puede ser utilizado a cualquier hora del día, pero también cuenta con el inconveniente de que no es demasiado preciso.

Lo primero que debemos hacer es poner la hora solar. Luego debemos apuntar la manecilla pequeña hacia el sol, la bisectriz del ángulo que forman la manecilla pequeña y las doce del reloj indica aproximadamente el sur. Este sistema es tanto más fiable cuanto más elevada sea la latitud a la que nos encontramos y en los meses del invierno. Por lo tanto en verano y en latitudes bajas será mucho menos fiable. Es, como mínimo, un sistema de emergencia útil.

Pero si nuestra necesidad de orientarnos surge en mitad de la noche o continúa una vez que el sol se ha ocultado nos veremos en la obligación de emplear las estrellas. Si somos capaces de identificar la Estrella Polar en el cielo, siempre sabremos dónde está el norte, pues es la única estrella que en este hemisferio permanece fija en el firmamento y casualmente señala el norte.

Localizarla es bastante sencillo. Una de las pocas constelaciones que todo el mundo conoce es la Osa Mayor, que suele compararse con una carreta o con un cazo. Localizándola sólo deberemos unir las dos estrellas que forman el extremo del cuadrángulo y prolongar cinco veces la distancia que hay entre ellas. Al final de esa línea imaginaria encontraremos una estrella que forma, a su vez, el extremo de la

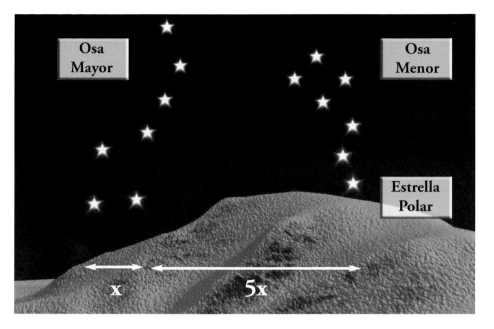

Osa Menor y que es, nada más y nada menos, la Estrella Polar.

Cabe la posibilidad de que la Osa Mayor no se encuentre visible, en cuyo caso podemos servirnos de Casiopea para hallar la Estrella Polar. La constelación de Casiopea está formada por cinco estrellas que forman una «M». Se encuentra en el lado opuesto

del cielo y su estrella central se encuentra en la misma dirección que la Estrella Polar.

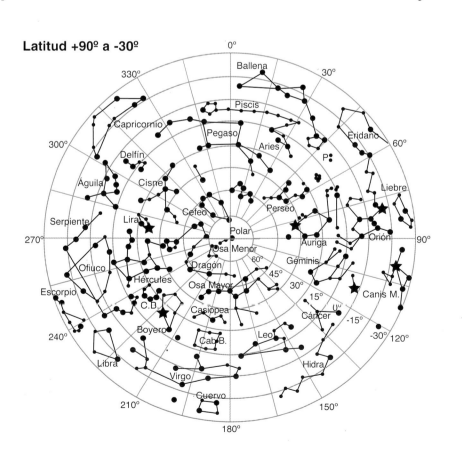

La luna nos puede ayudar a orientarnos en sus distintas fases.

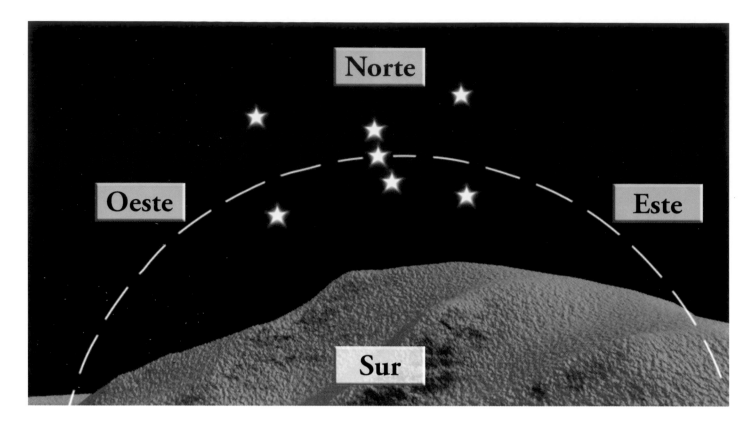

Durante la noche hay otro método poco conocido que consiste en servirse de la luna. Su luz puede hacer más complicada la observación de las estrellas pero debemos saber que puede indicarnos de forma aproximada la situación de los puntos cardinales. Su cenit está en el sur y, dependiendo de sus fases, nos señalará también la misma dirección. Cuando la luna se encuentra en cuarto creciente (cuando parece una D), los cuernos apuntan al

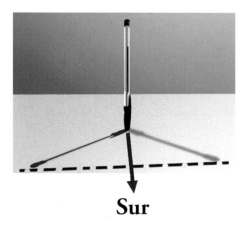

Sur

Al sur del Trópico de Capricornio, el método de la sombra nos indicará el sur en lugar del norte.

este. Si está en cuarto menguante (decreciente, parece una C), los cuernos apuntan al oeste. Un refrán popular lo resume en verso de una forma mucho más fácil de recordar: «Cuarto creciente, cuernos a oriente».

La franja intertropical

Como en el caso anterior, contamos una vez más con la colaboración de los astros para conocer nuestra posición. Una vez más el sol será uno de los métodos más fiables. En el amanecer y en el ocaso seguirá cumpliendo lo que ya conocíamos. Como en la zona templada, el sol surge más al norte en verano y más al sur en el invierno, pero con una diferencia mucho menor en grados, lo que supone una mayor precisión. Además, en el momento de aparecer en el horizonte, cambia de posición mucho más lentamente. El ocaso, sin embargo, es mucho más brusco, es decir, la transición del día a la noche no se prolongará tanto como al norte del Trópico de Cáncer.

Si bien emplear el sol como referencia para orientarnos al amanecer y al ocaso resultará más fiable, los otros métodos, como el de la sombra, ya no

nos serán de tanta utilidad, pues el sol se encuentra en su cenit durante gran parte del año, siendo su sombra a mediodía muy corta para ofrecer resultados precisos. El sol a mediodía también nos ayudará a determinar nuestra posición, pero al contrario que antes ya no señalará el sur, sino el norte.

Durante la noche las estrellas nos permitirán orientarnos, pero deberemos buscar ayuda en otras constelaciones pues las que conocíamos ya no se comportarán como antes y acaso no sean visibles. La única que sigue cumpliendo con las anteriores normas es Orión cuyas tres estrellas centrales, tanto al norte del Trópico de Cáncer como en la franja intertropical, surgen por el este y descienden hacia el horizonte hasta desaparecer por el oeste.

Cuando localicemos Orión en la franja intertropical del hemisferio austral, descubriremos que su posición aparece invertida. Lo mismo ocurrirá con todas las constelaciones conocidas visibles e incluso con las fases de la luna. El primer cuarto nos parecerá el último y viceversa, por lo que deberemos recordar ese cambio de posición.

En esta franja ya podremos servirnos de la Cruz del Sur, una estrella famosa que guió a los navegantes del pasado y que puede ayudarnos también a nosotros. Pero hablaremos de ella con mayor profundidad en el próximo apartado.

Al sur del Trópico de Capricornio

Como en los dos casos anteriores, contaremos con la inestimable ayuda del sol, que una vez más se mostrará como el método más fiable y preciso. Su comportamiento, tanto cuando nace como cuando se pone, nos es bien conocido. El resto de sistemas empleados serán los mismos pero variará la dirección que éstos señalen.

Así, cuando calculemos la posición del sol a mediodía seguiremos el mismo procedimiento ya citado, pero deberemos tener en cuenta que si antes su cenit indicaba el sur ahora lo que indica es el norte. De la misma forma, el sistema descrito para localizar el norte mediante la sombra de un objeto vertical en el suelo nos señalará, en estas latitudes, la dirección del sur.

La Cruz del Sur puede observarse incluso antes de pasar la línea del

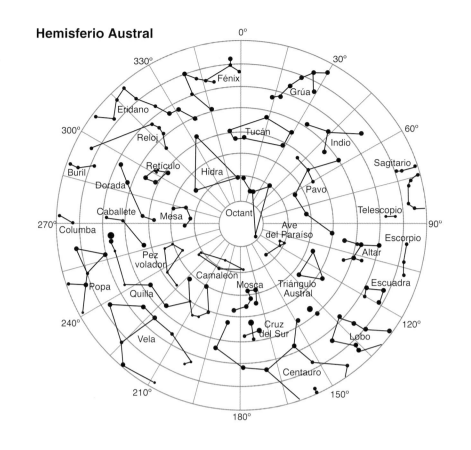

Ecuador y está presente en el cielo buena parte de la noche. Esta formada por cuatro estrellas y a pesar de su nombre no señala exactamente el sur. La estrella que forma el pie de la cruz se encuentra a unos 27° de esa posición.

Muchos se preguntarán si no existe en este hemisferio una estrella que, como la Polar, nos señale con precisión una dirección a seguir. Lo cierto es que esa estrella es la conocida como Sigma Octantis y estará ahí en el cielo señalándonos el sur con una diferencia aproximada de un grado. Pero esta estrella no se ve bien a simple vista y está rodeada de otras muchas de características similares, de la constelación del Octante, lo que hace difícil su localización. Por lo tanto será mucho más sencillo recurrir a la Cruz del Sur o a nuestro antiguo conocido Orión, que seguirá señalando el este en el momento de aparecer y el oeste al desaparecer por el horizonte.

Veamos a continuación lo que es un mapa y una brújula y aprendamos a utilizarlos.

Al sur del Trópico de Capricornio la mayoría de la superficie de la Tierra está ocupada por los océanos, por lo que son los navegantes quienes deberán orientarse con mayor frecuencia en esas latitudes.

Cómo fabricar una brújula

Si carecemos de brújula, podemos construirnos una siguiendo las indicaciones de las Fuerzas Aéreas de los Estados Unidos. Para ello necesitamos una aguja de coser y muy poco más.

Lo primero es dotar a la punta de la aguja de una carga eléctrica, lo que conseguiremos tras frotarla con un jersey de lana, la piel o el cabello. Se cubre ligeramente de grasa toda la aguja, utilizando lo que tengamos a mano, por ejemplo cera de los oídos. Luego sólo nos hace falta un recipiente de agua o un charco. Si colocamos la aguja con el suficiente cuidado no se hundirá y voilá, señalará el norte. El paso más complejo es que flote, lo que se puede conseguir colocándola sobre dos trocitos de hilo que extraeremos de nuestra ropa, o bien utilizando fibras vegetales. Lo mejor es ensayar este método en casa donde disponemos de tiempo y de una brújula que nos indica si hemos realizado correctamente el experimento.

El mapa y la brújula

Los mapas son representaciones, en plano, de las características de la superficie terrestre. Esta representación sin embargo no es exacta a la realidad, se trata de una representación aproximada, reducida y simbólica.

La reducción se representa mediante la escala, que nos permite conocer la relación existente entre las distancias representadas en el mapa y las distancias reales de la zona a la que corresponde. Por un lado encontraremos la escala numérica y por otro, la escala gráfica. La escala numérica consiste en una fracción cuyo numerador es siempre un 1 y cuyo denominador nos indica el número de veces que las distancias reales han sido reducidas en ese mapa. Así, la escala uno a 25.000 (1: 25.000) nos informa que cada unidad de medida real se ha trasladado al mapa reducida 25.000 veces, o, lo que es lo mismo, que un centímetro sobre el papel corresponde a 25.000 centímetros de la realidad (1 cm = 250 m). Cuanto menor sea el denominador, mayor precisión mostrará el mapa y mayor será la representación cartográfica para una misma zona.

Escala 1 : 50.000

En los mapas encontraremos multitud de símbolos, cada uno de los cuales nos transmitirá información sobre el terreno representado. Algunos serán simples códigos de color, mientras que otros serán representaciones gráficas lo más parecidas posibles a los objetos reales que representan. Cada mapa cuenta con su leyenda, en la que encontraremos representados agrupados todos los símbolos y lo que significa cada uno de ellos. Se pueden agrupar en cuatro categorías para simplificarlo:

— En primer lugar encontraremos los símbolos que representan todas las obras del hombre, como carreteras, caminos, vías de tren, construcciones, localidades, etc. Los colores elegidos para estas representaciones son el negro y el rojo, lo que permite identificarlos con claridad. Para que estos

símbolos resulten visibles en el mapa es frecuente que se modifiquen sus proporciones.

— En segundo lugar, y sólo en los mapas topográficos, podemos encontrar las manchas verdes que corresponden a la vegetación. En muchos de ellos además se diferencian los distintos tipos de bosque. La única excepción a la coloración verde la constituyen los mapas específicos de orientación, en los que los bosques aparecen en color blanco para que el resto de símbolos se vean más claramente.

— En tercer lugar encontraremos representados en azul todos los accidentes correspondientes a la hidrografía, como ríos, lagos, embalses, manantiales, glaciares e incluso los mares. Se identifican claramente. Los ríos, como las carreteras, constituyen caminos fiables y fácilmente reconocibles.

— En último lugar observaremos que lo que constituye el fondo del mapa aparece coloreado o marcado con los colores que definen el relieve de esa región. En los atlas, los diferentes colores nos informan de la altura de cada porción de terreno. Así, las llanuras aparecerán en verde, las montañas en diferentes tonos de marrón y los glaciares en blanco. La relación existente entre los diferentes colores y las alturas aparece normalmente a pie de página o como un indicativo más de la leyenda.

En algunos mapas el relieve se representa mediante las curvas de nivel, que son líneas que unen entre sí todos los puntos que se encuentran a la misma altura respecto al nivel del mar. Son el resultado de cortar los relieves geográficos con planos perpendiculares al suelo, equidistantes y paralelos entre sí.

Las curvas de nivel se establecen a intervalos regulares, de forma que a cada escala le corresponde una equidistancia de esas curvas que aparece siempre indicada. De un simple vistazo podemos determinar las características geográficas de un mapa. Si las curvas de nivel aparecen muy espaciadas entre sí nos encontraremos en un terreno llano o de pendientes suaves. Cuanto más próximas entre sí se encuentren las curvas, más escarpado será el terreno.

Para orientarnos con un mapa lo primero que tenemos que conseguir es orientar el propio mapa, para lo que deberemos hacer coincidir su norte (su parte superior) con el norte real. Gracias a ello obtendremos inmediatamente la dirección del resto de puntos cardinales mediante el empleo de la brújula.

Ahora debemos localizar nuestra posición en el mapa. Si no la conocemos deberemos servirnos de dos puntos de referencia reales para localizar el lugar en el que nos encontramos. Todas estas operaciones serán más sencillas y fiables con el concurso de una brújula, un instrumento que no debe faltar en el equipo de ninguna persona que encuentre en la naturaleza el marco para sus aficiones.

Las brújulas de orientación son las más adecuadas, ligeras y baratas. Como todas las brújulas modernas cuenta con un líquido (agua y alcohol, petróleo blanco o glicerina) que reduce las oscilaciones de la aguja. La base rectangular transparente nos permitirá colocarlas sobre el mapa para trabajar o emplearla como transportador de ángulos.

Las curvas de nivel representan cortes del terreno a intervalos regulares.

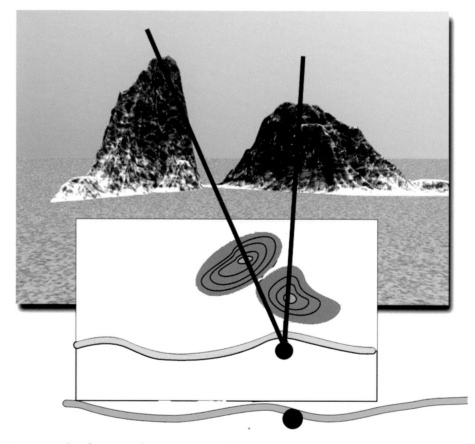

Dos puntos de referencia reales nos permitirán determinar nuestra posición en el mapa.

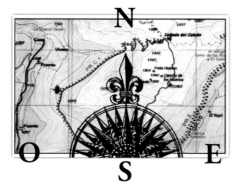

Comprobaremos que este modelo cuenta con otras virtudes como incluir en sus laterales diferentes escalas (normalmente 1:25.000 y/o 1:50.000) y una graduación en milímetros o pulgadas. Esto nos proporciona una regla y un escalímetro incorporado a la brújula.

La base transparente cuenta además con una flecha que nos indica la dirección para los diferentes cálculos y con una lupa que facilita la lectura de los detalles más pequeños del mapa. Sobre esa base y en su parte inferior se encuentra el círculo de los grados con movimiento independiente que puede girarse. El fondo del limbo también es transparente y cuenta con la flecha de orientación, que gira con él. Paralelas a esa flecha aparecen unas líneas meridianas.

Si giramos el anillo graduado observaremos que, coincidiendo con el N o lo que es lo mismo con los 360°, cuenta con una marca que permanece fija para permitirnos leer los grados. Ese punto indicador coincide también con el nacimiento de la flecha de dirección.

Orientar la brújula y, gracias a ello, determinar el resto de puntos cardinales es una operación que todos habremos realizado alguna vez y que consiste en hacer coincidir la punta de la aguja que señala el norte con la flecha que se encuentra en la base del limbo. Para conseguirlo no hace falta que giremos la brújula, tan sólo debemos girar el limbo hasta que ambas flechas se superpongan como se indica en las ilustraciones. Debemos mantenerla horizontal y evitar situarnos cerca de cualquier cosa que pueda alterar el resultado obtenido (tendidos eléctricos, cualquier objeto metálico...).

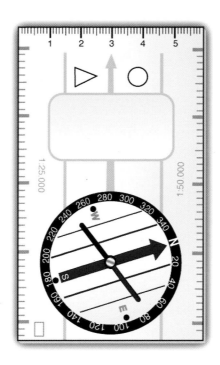

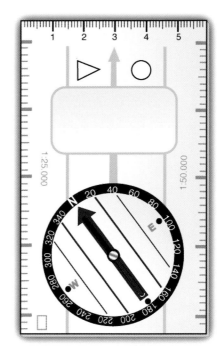

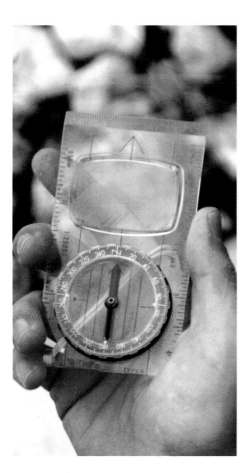

Para desplazarnos sirviéndonos de una brújula seguiremos siempre una dirección, una medida expresada en grados que nos ofrecerá la brújula. La lectura de esa dirección debemos hacerla siempre en el sentido de las agujas del reloj. La dirección de nuestra marcha, nuestro acimut, es entonces una medida expresada en grados.

Para que las cifras tengan un mayor significado es conveniente establecer una relación básica de grados y direcciones. Así, como ya sabemos, los 0° se corresponden con el norte, los 90° con el este, los 180° con el sur y los 270° con el oeste. Teniendo presente estas cuatro direcciones básicas y su correspondencia en grados, podremos tener una visión más amplia y concreta de cualquier dirección intermedia.

Supongamos que queramos encaminarnos en dirección a cualquier accidente geográfico o a una aldea, por ejemplo. Para hallar el acimut de nuestra dirección de marcha, deberemos apuntar con la flecha que se encuentra en la base transparente de la brújula hacia el lugar y después orientar la brújula. El acimut es la medida expresada en grados que aparece en el punto indicador.

En adelante y hasta alcanzar el lugar determinado tan sólo deberemos seguir la flecha de dirección de la base transparente, poniendo especial atención a que la brújula se encuentre siempre orientada, o, lo que es lo mismo, que la flecha que se encuentra en la base del limbo y la aguja imantada permanezcan en todo momento superpuestas. Si atravesamos zonas boscosas o perdemos de vista por cualquier razón nuestro punto de referencia, dividiremos nuestro trayecto en otros más cortos en los que tengamos puntos de referencia visibles. Siempre que mantengamos la brújula orientada y con el limbo fijo, nos indicará en todo momento la dirección de marcha correcta.

Es frecuente que en nuestro camino aparezca un obstáculo como un río, un barranco, un terreno vallado, un pantano..., que nos obliga a efectuar un rodeo hasta encontrar un paso. Pero ese mismo rodeo nos aparta de la dirección de marcha, ¿qué debemos hacer para recuperarla?

Tan sólo debemos seguir un procedimiento sistemático y muy simple. Supongamos que en nuestro camino aparece un barranco y que el puente para cruzarlo se encuentra a unos

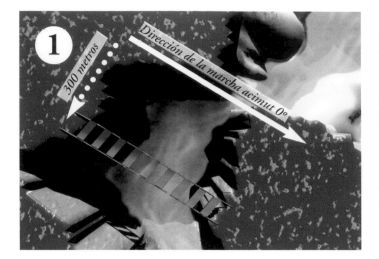

Imaginemos que nuestro acimut es 0º. Para cruzar el barranco por el puente y regresar a nuestra posición sobre la línea que señala la dirección de nuestra marcha, deberemos seguir los siguientes pasos: en primer lugar deberemos modificar nuestra dirección, efectuaremos un giro de 90º hacia el puente, grados que se suman a nuestro acimut, y nos desplazamos 300 metros.
0º+90º = 90º.

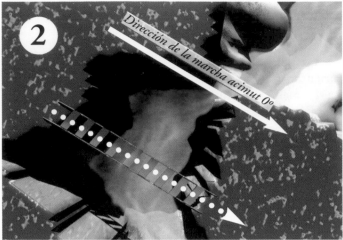

Modificamos una vez más nuestra dirección. Otros 90º, que en esta ocasión se restan, y cruzamos el puente.
90º-90º = 0º.

Superado el obstáculo modificamos nuestra dirección en sentido opuesto al primer giro y caminamos una distancia equivalente, es decir, trescientos metros en el ejemplo.
0º-90º = 270º.

El último cambio de dirección nos llevará a recuperar nuestro acimut de origen.
270º+90º = 0º.

trescientos metros a la derecha de nuestra dirección de marcha, tal y como se muestra en la ilustración. Por lo tanto deberemos desplazarnos con un ángulo de 90 grados respecto a nuestra dirección inicial hasta el puente. Para entenderlo mejor tomemos una brújula y pongamos en práctica la explicación. Si hacemos que, con la brújula orientada, la flecha de dirección señale hacía nuestra derecha desplazándose 90°, estaremos sumando esos 90° a nuestro acimut inicial. Ya que carecemos de puntos de referencia contaremos los pasos que damos hasta el puente.

Una vez que lleguemos al puente y mientras lo cruzamos tendremos el acimut inicial. Al otro lado, y para volver a la dirección de marcha, restaremos 90° al azimut inicial, al revés de como procedimos anteriormente. Gracias a ello regresaremos hacia nuestra posición de origen pero al otro lado del obstáculo. Una vez recorridos los pasos pertinentes en la dirección opuesta, sumaremos una vez más los 90°. Lo hemos logrado, hemos cruzado el barranco y seguimos una vez más el acimut correcto.

Orientarse con el mapa y la brújula

Lo primero que haremos será orientar el mapa mediante la brújula. Para ello debemos situar la flecha de dirección que se encuentra en la base transparente en paralelo con uno de los lados del mapa, de forma que señale su parte superior. El borde de la hoja, los márgenes o el reticulado kilométrico nos ayudarán en este paso.

En segundo lugar, haremos coincidir la flecha que se encuentra en la base del limbo con la flecha de dirección, es decir, ambas flechas señalarán la parte superior del mapa y se encontrarán paralelas a sus lados. Como sabemos, la flecha del limbo coincide con los 360°.

En tercer lugar, giraremos el conjunto de brújula y mapa a la vez hasta que la parte de la aguja imantada que señala el norte se superponga con ambas flechas. Llegados a este punto tendremos el mapa orientado.

Pero debemos efectuar una corrección, ya que, como sabemos, la brújula está señalando el norte magnético que difiere del geográfico. Si bien la declinación magnética en toda Europa occidental es casi inapreciable, en el uso que vamos a dar a nuestros instrumentos en excursiones convencionales, corregirla es necesario para que nuestros cálculos sean tan correctos como sea posible.

Los valores de la declinación magnética y su variación anual para la zona representada en el mapa están calculados y aparecen impresos junto al resto de información que se muestra en los márgenes o en la parte posterior de los mapas topográficos. Es fundamental comprobar la fecha que aparece en ese mismo recuadro o conjunto de datos y que nos indica el valor en el momento de la impresión, del que podremos extraer el valor de la declinación para el momento actual.

Una vez obtenido el resultado la forma de proceder es muy sencilla.

El primer paso será orientar nuestro mapa gracias a la brújula.

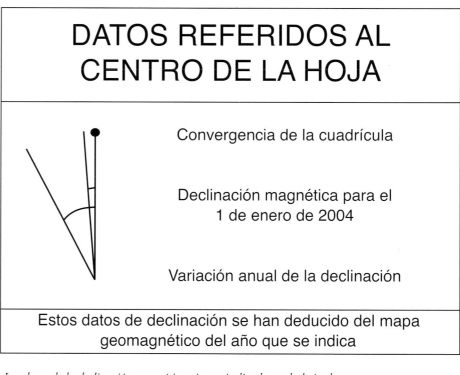

DATOS REFERIDOS AL CENTRO DE LA HOJA

Convergencia de la cuadrícula

Declinación magnética para el 1 de enero de 2004

Variación anual de la declinación

Estos datos de declinación se han deducido del mapa geomagnético del año que se indica

Los datos de la declinación magnética vienen indicados en la hoja de nuestro mapa. Es conveniente saber la fecha de la impresión, pues la declinación magnética varía cada año.

Si para orientar el mapa anteriormente hacíamos coincidir los 360° con el norte del mapa, ahora deberemos introducir los datos pertinentes a la declinación sumando o restando (según corresponda) los datos obtenidos a los 360°. De esta forma la flecha del limbo se encuentra desplazada hacia el norte magnético, no al geográfico.

A continuación procederemos como ya se ha explicado antes, situaremos la brújula con sus lados paralelos a los lados del mapa y la flecha de dirección señalando su parte superior y giraremos mapa y brújula

LA DECLINACIÓN E INCLINACIÓN MAGNÉTICAS

Todo el mundo sabe que la Tierra se comporta como un gran imán, lo que constituye la base del empleo de la brújula como instrumento de orientación. Hay otro detalle que muchas personas desconocen y es que los polos geográficos no se corresponde exactamente con los polos magnéticos. Esa variación se modifica cada año. En la actualidad el norte magnético se encuentra a más de 2.200 kilómetros del geográfico, situándose en el archipiélago Ártico canadiense, mientras que el sur se localiza en la Antártida, en la Tierra Victoria.

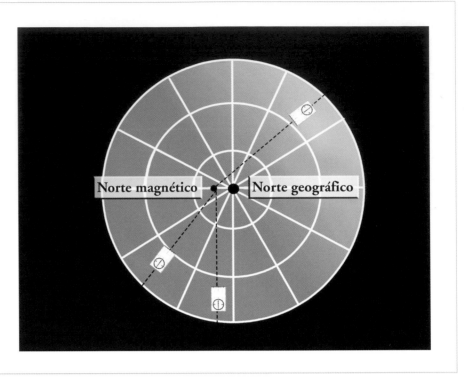

conjuntamente hasta que la parte de la aguja que señala el norte coincida con la flecha del limbo. Ahora sí podemos decir que nuestro mapa se encuentra perfectamente orientado.

Para determinar nuestro acimut, es decir, para trazar nuestra dirección de marcha sobre el mapa, deberemos emplear uno de los laterales de la brújula y unir entre sí nuestro punto de destino con el de partida,

poniendo especial atención a que la flecha de dirección indique el sentido de nuestra marcha. La línea que une ambos puntos, que podemos marcar con un lápiz, es el camino ideal que deberíamos seguir. Sólo tenemos que girar el limbo de la brújula hasta que la flecha de su base coincida con la parte superior del mapa, y en la marca indicadora obtendremos nuestro acimut.

Paso 1.

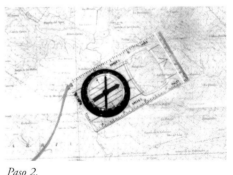

Paso 2.

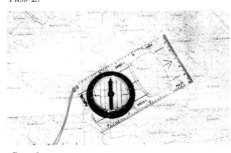

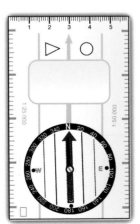

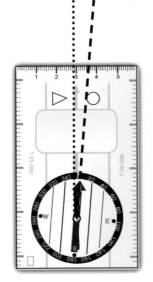

1) Lo primero que haremos será orientar el mapa.
2) En segundo lugar unimos nuestro punto de partida con el de destino mediante una línea trazada con uno de los laterales de la brújula.
3) Por último giramos el limbo hasta que la flecha del mismo coincida con la aguja que señala el norte.

Paso 3.

Si necesitamos determinar un punto que por sus características se confunda con el resto del paisaje, como por ejemplo un pico concreto que se encuentra rodeado de otros muy similares, la forma de saber con exactitud lo que estamos mirando es calcular su acimut y trasladarlo al mapa.

Esta operación supone una inversión de los cálculos de la declinación magnética, pues en lugar de actuar como antes y trasladar lo que veíamos en el mapa al terreno, lo que vamos a hacer es determinar el acimut sobre el terreno y trasladarlo posteriormente al mapa. Pero veamos paso a paso lo que deberemos hacer.

Para realizar este cálculo debemos conocer con exactitud el lugar en el que nos encontramos. Para ello contamos con la posibilidad de localizarlo mediante dos puntos destacados del terreno, o bien conocerlo por tratarse de una localidad, un cruce de caminos, un refugio, un puente sobre un río, etcétera...

Apuntamos la flecha de la base transparente de la brújula en dirección al punto del cual queremos hallar su acimut (paso 1). En segundo lugar orientamos la brújula, es decir, hacemos girar el limbo hasta que la flecha de su base coincida con la aguja magnética, sin mover la base o lo que es lo mismo manteniendo la flecha de dirección (la de la base) señalando el punto elegido (paso 2).

Eso nos permite determinar el acimut del punto elegido. En tercer lugar colocamos la brújula sobre el mapa, previamente orientado, haciendo que uno de sus lados coincida con el punto en el que nos encontramos y que nos servirá de eje para girar toda la brújula hasta que se encuentre orientada. Luego corregimos los grados correspondientes a la declinación magnética.

Por último, y utilizando el lateral de la brújula que hemos colocado sobre el punto en que nos encontramos, trazamos una línea que pasará por nuestra posición y por el punto elegido que queremos determinar. Es con-

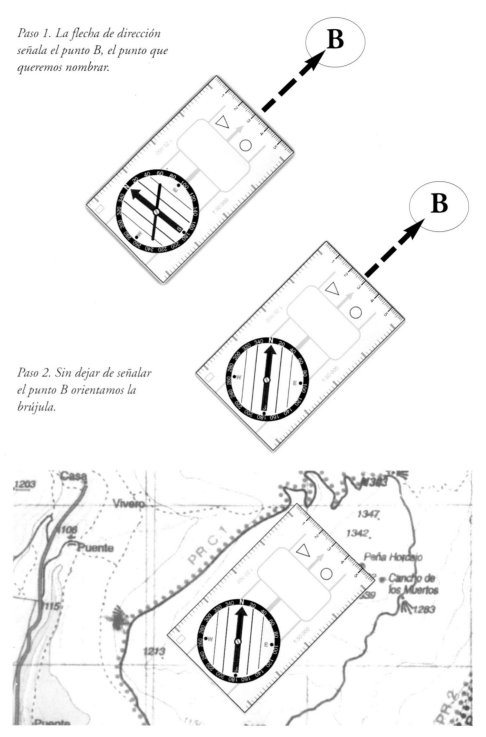

Paso 1. La flecha de dirección señala el punto B, el punto que queremos nombrar.

Paso 2. Sin dejar de señalar el punto B orientamos la brújula.

Paso 3. Se coloca la brújula orientada sobre el mapa haciendo coincidir uno de sus lados con nuestra posición (punto A). Si se traza una línea debería pasar por el punto B.

veniente asegurarnos de que nuestros cálculos han sido exactos, confirmando que el resto de accidentes geográficos cercanos se corresponden con lo que nos muestra el mapa (paso 3).

Hay otros muchos ejercicios que se pueden realizar con la brújula y el mapa, cuya explicación puede resultar pesada pero que en la práctica serán muy sencillos. Por ello es preferible que nos enfrentemos a situaciones reales donde todo se aprenderá de forma mucho más rápida y amena. Pero veamos a continuación algunos consejos que nos facilitarán las cosas sobre el terreno.

Otros consejos

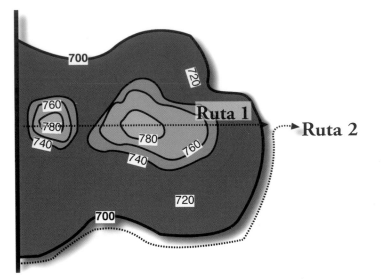

Una ruta trazada sin cuidado sobre el mapa (ruta 1) puede ser en apariencia más corta que la ruta planificada (ruta 2). Sin embargo, no debemos olvidar que el mapa es una representación bidimensional de un terreno tridimensional.

El perfil altimétrico demuestra que la ruta 1 es, en realidad, más larga y requiere, además, un mayor esfuerzo por los desniveles existentes.

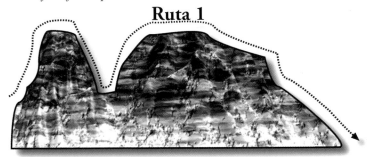

Ruta 1

Para obtener el perfil que indican las curvas de nivel se debe proceder tal como se muestra en el gráfico. Este sistema nos permite ver más claramente lo que nos indican esas curvas. El uso continuado de mapas y la experiencia nos permitirán visualizar ese perfil altimétrico sin la necesidad de realizar ese ejercicio.

Antes de una excursión o de emprender cualquier recorrido es conveniente estudiar bien el mapa y no trazar sobre él un trayecto a lo loco. En el mapa encontraremos todo lo necesario para planificar nuestra marcha. Aunque estemos cómodamente sentados en nuestra casa podremos conocer el desnivel que presenta el camino que pretendemos recorrer, la vegetación de la zona, la presencia en las cercanías de ríos, fuentes o aldeas, la distancia total, etcétera.

Ese estudio previo debe ser meticuloso y en él debemos tratar de seguir ciertas normas que garanticen una marcha cómoda y segura. No basta con echarle un vistazo y trazar una línea que una nuestro punto de partida y el de llegada. Cuando decidamos nuestra ruta procuraremos evitar el fondo de las vaguadas, donde la vegetación puede ser muy abundante y convertir nuestro paseo en un calvario. También es posible que nos encontremos con cortados, etc. De la misma forma evitaremos descender si no es necesario, pues es posible que poco después debamos subir nueva-

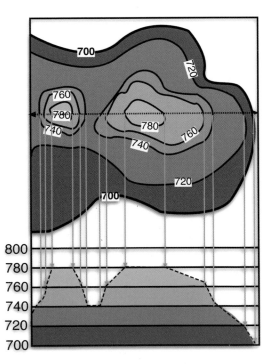

mente con lo que gastaremos energías inútilmente. En ese caso trataremos de desplazarnos dando un pequeño rodeo sin perder altura, o lo que es lo mismo sin atravesar las curvas de nivel sino siguiendo su curso.

En caso de que debamos atravesar una zona accidentada, con varias elevaciones, buscaremos siempre su zona más accesible. La mejor solución será siempre tratar de atravesarla por un puerto.

En las zonas de vegetación abundante trataremos de desplazarnos por las divisorias, de aguas que estarán más despejadas. En las zonas que presentan una erosión marcada es conveniente desplazarse también por las divisorias, pues a media ladera es frecuente que aparezcan todo tipo de accidentes que dificulten el paso.

Siempre que nos sea posible elegiremos seguir los caminos y sendas que encontremos y que según el mapa nos conduzcan en la dirección co-

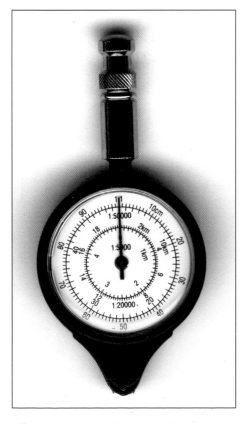

El curvímetro es un instrumento que nos permitirá calcular las distancias que siguen líneas irregulares sobre un mapa.

Si no estudiamos los mapas con antelación, carecemos de ellos, o se trata de un mapa poco fiable o antiguo, podemos encontrarnos con desagradables sorpresas en nuestro camino. En ocasiones podemos enfrentarnos a un callejón sin salida o a un obstáculo infranqueable.

rrecta. Es posible que esos caminos efectúen vueltas y aparentes cambios de dirección, sin embargo han sido trazados con el propósito de que el caminante realice el mínimo esfuerzo, por lo que seguirlo nos facilitará las cosas.

Como vemos las nociones de orientación no bastan, hay que conocer el terreno y lo que debemos esperar de él. La planificación es muy importante y supone un ahorro de energía y tiempo.

CONCEPTOS FUNDAMENTALES

• Por norma, en nuestro equipo siempre llevaremos un mapa de nuestro destino y una brújula.

• Antes de cualquier excursión o aventura estudiaremos el mapa, trazando un itinerario y memorizando los datos de interés.

• Nuestros conocimientos y nuestro sentido de la orientación deben ir acompañados de sentido común.

• La naturaleza nos ofrece multitud de sistemas para poder orientarnos solos.

Marcha nocturna o con niebla

Ante la duda es mejor detenerse y esperar a que mejoren las condiciones atmosféricas.

Para situaciones de mala visibilidad, en la noche o con niebla, conviene conocer la medida de nuestros pasos en diferentes situaciones. Para ello podemos recorrer una distancia fácilmente calculable en línea recta y determinar así cuantos pasos debemos dar para cubrir, por ejemplo, cien metros. Asimismo, y dividiendo, obtendremos lo que mide uno de nuestros pasos. Ambas cifras nos serán muy útiles. También deberemos calcularlas para trayectos cuesta arriba y cuesta abajo.

Otra opción es contar, además, con el tiempo que hemos empleado para cubrir esa distancia, lo que nos permitirá realizar el cálculo de forma más cómoda que ir contando nuestros pasos. Ya que ambos sistemas pueden presentar variaciones y un amplio margen de error, contar con ambos simultáneamente nos permitirá obtener un resultado más preciso.

Si se levanta la niebla todos los datos anteriores serán valiosos aliados, pero más aún lo será nuestro sentido común. Aunque no seamos capaces de reconocer ningún accidente geográfico de nuestro alrededor, con la ayuda de la brújula tendremos siempre a nuestra disposición la localización de los puntos cardinales.

Sabremos además cuándo subimos o bajamos, si nos desplazamos por una divisoria de aguas o su localización por la pendiente. Sabremos cuándo estamos en una cumbre o cuándo sobrepasamos un puerto y otras muchas cosas que, sin ver con claridad, resultarán claras. Ante la más mínima duda lo mejor, si es posible, es detenerse y esperar.

El deporte de la orientación

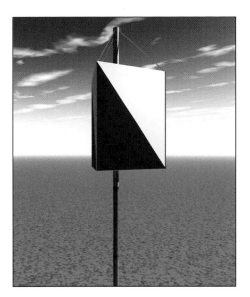

Los controles están señalizados mediante balizas. Para que la baliza se pueda localizar sin dificultad se han seleccionado colores y diseños que destacan en la naturaleza.

La orientación puede ser un fin en sí mismo, un deporte apasionante, o una actividad complementaria e importantísima para infinidad de disciplinas deportivas.

¿En qué consiste este deporte?

El deportista debe realizar un recorrido, caminando campo a través, por el trayecto que elija entre diferentes puntos de control con la única ayuda de su experiencia, un plano y una brújula. En el plano los puntos de control aparecen representados mediante un círculo que en el terreno viene marcado por una baliza. Esta baliza está colocada en el lugar u objeto que aparece rodeado por el círculo y consiste en un prisma de tela blanca y naranja que destaca, por su color, del entorno.

En cada baliza el deportista encuentra una pinza que le sirve para marcar su tarjeta de control y que demuestra que ha realizado el recorrido completo pasando por todos los puntos. La habilidad del corredor consiste en elegir la mejor ruta entre los puntos, lo que le permitirá realizar la prueba completa en menor tiempo.

Junto con el plano cada corredor recibe la descripción del control, que no es otra cosa que una lista de símbolos que le informan sobre el objeto o el lugar donde se encuentra situada la baliza y la ubicación de ésta.

La salida de los corredores se realiza de forma escalonada, es decir, cada uno tiene una hora de salida asignada. Esto permite que cada deportista emprenda la prueba por separado sin que pueda verse influido o molestado por el resto de participantes.

Existen diferentes modalidades, aunque la más extendida es la carrera individual diurna. También existen carreras por equipos de relevos tanto diurnas como nocturnas. La carrera individual nocturna ofrece la posibilidad de poner a prueba los conocimientos de los participantes con la dificultad añadida de la oscuridad. La procedencia nórdica de este deporte queda patente en las pruebas de esqui-orientación tanto individuales como por equipos.

También existe una modalidad para bicicleta de montaña y toda una serie de adaptaciones y opciones, incluso para diferentes discapacidades físicas, con lo que todos aquellos que quieran participar en este tipo de pruebas encontrarán una modalidad adecuada.

Federaciones

La Federación Internacional con sede en Finlandia posee una página web (http://www.orienteering.org/iof.htm) donde se puede obtener información general de las respectivas federaciones internacionales. Actualmente, en España, el deporte de la orientación está regulado por la Agrupación Española de Clubes de Orientación (AECO).

Escala	1:15000
Equidistancia	5 m
Realizado	1993

0   0,5   1 km

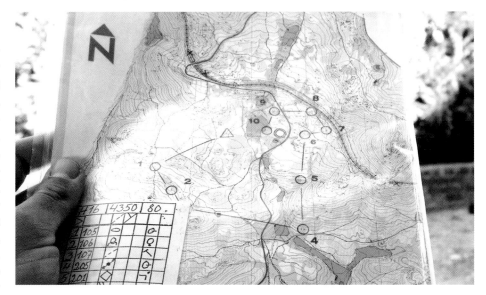

El mapa de orientación sigue los mismos principios que cualquier mapa topográfico pero se diferencia de él en algunos aspectos. Las escalas más empleadas son las de 1:15.000 y 1:10.000. También destacará, a primera vista, que los colores empleados (azul, verde, amarillo, marrón y negro) son diferentes a los que estamos acostumbrados a ver en los mapas topográficos. Sobre ellos los recorridos se marcan en color púrpura transparente, lo que permite ver con claridad por dónde discurren sin ocultar ningún dato de interés.

RASTROS Y SEÑALES

A lo largo de los caminos que recorreremos en nuestras experiencias en la naturaleza, y por descontado fuera de ellos, encontraremos multitud de rastros, huellas y señales que la fauna de cada lugar va dejando tras de sí. Conocer las huellas y saber a quién pertenecen nos proporcionará información muy útil que puede satisfacer nuestra curiosidad, evitarnos algún peligro o proporcionarnos los alimentos que necesitamos.

Los aficionados a la naturaleza son comúnmente amantes de todo lo que tenga que ver con ella. Así que determinar la fauna de una zona concreta gracias a la identificación de sus huellas, marcas y rastros puede constituir en sí misma una actividad gratificante para todos ellos. Mediante la «lectura» de esas señales podemos conocer los movimientos de una especie concreta, sus hábitos, su alimentación, su abundancia, etc. El terreno serán las páginas de un diario que cada animal va escribiendo a medida que vive. De su estudio se pueden sacar muchas enseñanzas y su reconocimiento puede, además, constituir un valioso aliado en la supervivencia.

Todos conocemos a los cazadores de las novelas o el cine, capaces de seguir un rastro durante días y determinar por pequeños detalles el tiempo transcurrido desde que se dejaron esas huellas o el estado de quien las dejó. Esto que puede parecer muy sencillo no lo será en absoluto. Con suerte encontraremos alguna huella aislada, que se pierde al abandonar el terreno blando donde quedó impresa como barro, limo, nieve, arena, etc.

Lo cierto es que un buen rastreador será capaz de seguir ese rastro, en condiciones tan adversas, que su capacidad parece tan milagrosa como si se tratase de una novela de ciencia ficción. Pero para los amantes de la aventura, para todos aquellos que disfrutan de su tiempo libre en plena naturaleza, no será necesario adquirir semejante experiencia y capacidades. La simple contemplación de una huella en medio de un camino nos proporcionará multitud de información que puede resultarnos de ayuda.

Información que proporcionan las huellas

Las huellas cerca de los lugares donde la fauna bebe o come nos proporcionarán información útil para nuestra supervivencia.

Si estamos pensando en alimentarnos de lo que seamos capaces de cazar, por ejemplo, las huellas de nuestras presas y de nuestros competidores pueden facilitarnos la tarea. Aunque estemos rodeados de animales podemos pasar días sin verles, pues ellos escapan de nosotros mucho antes de que podamos descubrirles. Pero podemos determinar que han estado en un lugar por los rastros que han dejado.

Una huella ofrece multitud de datos, como la especie del animal que la ha dejado, su tamaño, su dirección, su velocidad, la actividad que desarrollaba cuando la dejó impresa (caminaba, corría, huía...) e incluso su sexo (pues si reconocemos la especie podemos saber por el tamaño de la huella si pertenecía a un macho o una hembra).

Si las huellas están cerca de las fuentes de alimento de nuestra presa, o cerca de los lugares donde abreva, podremos determinar que se encontrará en ese lugar ese mismo día cuando necesite comer o beber. Eso nos permitirá preparar una emboscada o una trampa.

Puede darse el caso de que las huellas o señales que hemos descubierto pertenezcan a un animal o animales con los que preferiríamos no tener que enfrentarnos. La huella de un oso o de grandes félidos, por ejemplo, nos pondrán en alerta y estaremos preparados para evitarles o escapar. Si en las inmediaciones de

nuestro campamento descubrimos las huellas de un oso, evitaremos atraerle dejando alimentos a su alcance, etc. En el capítulo «Animales Peligrosos» veremos que bastará con hacer ruido o hacer patente nuestra presencia de cualquier otro modo para que la mayoría de los animales escapen de nosotros.

Reconocimiento de las señales

Los reptiles dejan unas huellas características fáciles de identificar.

Ave corredora.

Es aconsejable, siempre que vayamos a realizar alguna actividad en la naturaleza, informarnos al máximo de las características de nuestro destino. Desde su formación geológica a la fauna característica de la zona, serán datos que pueden ayudarnos. Ese estudio previo nos permitirá determinar los posibles autores de las huellas y rastros que encontremos, estableciendo un abanico de posibilidades que, tras diferentes descartes, nos proporcionarán la identidad del propietario de las mismas.

En primer lugar deberemos comenzar por saber si las huellas pertenecen a reptiles o anfibios, aves o mamíferos. La forma de conocer ese dato es observar el método de desplazamiento del animal, que quedará claramente reflejado en sus huellas.

Reptiles y anfibios

La mayoría de los rastros de reptiles y anfibios (a excepción de los batracios) dejan unas huellas características que indican que al desplazarse hacían ondular sus cuerpos y éstos rozaban con el suelo, dejando tras de sí un rastro lineal zigzagueante.

Aves

Las huellas de aves son muy fáciles de identificar. Presentan la marca de tres o cuatro dedos, pues el quinto ha desaparecido. Por regla general el primer dedo se ha desplazado colocándose en oposición a los otros tres (en los loros y similares, los dedos se oponen de dos en dos). Las patas de las aves están recubiertas de escamas córneas que recubren también los dedos, que en su parte inferior están protegidos mediante almohadillas. Las características de cada especie o las adaptaciones de las patas de los diferentes grupos nos permitirán centrar nuestras pesquisas y descartar otras posibilidades.

Las huellas de dedos cortos y gruesos, de uñas fuertes, con el dedo oponible prácticamente invisible o del que sólo puede verse la uña, pertenecerán a aves corredoras o andadoras (perdices, faisanes...).

Si entre los dedos observamos la marca de una membrana interdigital, estaremos ante la huella de un ave palmípeda, es decir aves que emplean sus patas para nadar o desplazarse por el agua como ánades, gansos, gaviotas o fochas.

Ave palmípeda.

Huella de córvido.

Los dedos largos y muy abiertos, que forman un ángulo cercano a los 180º, pertenecen a las aves zancudas, que necesitan ofrecer una superficie amplia para caminar por terrenos enfangados sin hundirse. Dejarán ese tipo de huellas las cigüeñas, las grullas, las garzas...

Las huellas de las aves adaptadas a la vida en los árboles presentarán el dedo oponible muy visible, ya que necesitan un apoyo firme para sujetarse a las ramas con seguridad. Hay multitud de aves de huellas semejantes (paseriformes, córvidos...) cuya identificación dependerá del tamaño y de otros factores que veremos más adelante.

Rastro de ungulígrado.

Rastro de plantígrado.

Mamíferos

Las huellas de los mamíferos se distinguen porque no dejan ninguna marca de su cuerpo al desplazarse, ya que se apoyan exclusivamente sobre sus patas, generalmente sobre las cuatro. Dependiendo de cómo se desplacen dejarán unas u otras marcas (en ocasiones puede apreciarse también el roce de la cola en el suelo).

Los ungulígrados, los mamíferos adaptados para una carrera rápida y larga, entre los que se encuentran los ciervos o los caballos, ponen en contacto con el suelo únicamente la punta de sus dedos. En sus huellas sólo se marcan sus uñas, es decir, sus pezuñas. El número de dedos que se marcan o su tamaño nos permitirán diferenciarlos.

Los plantígrados están adaptados para la marcha. Ofrecen una superficie amplia de apoyo por lo que sus huellas son anchas y largas. El más conocido de los plantígrados es el oso, pero no es el único. Animales tan diminutos como las musarañas también se desplazan de igual modo y sus huellas tendrán una estructura similar.

Por último los mamíferos digitígrados, adaptados para la carrera, ofrecen una superficie de apoyo intermedia entre los anteriores. Entre ellos se encuentran los félidos o los mustélidos por ejemplo.

La disposición de las huellas será diferente para cada uno de los grandes grupos que hemos establecido, pues el sistema de desplazamiento de cada uno de ellos es diferente. Las huellas pueden aparecer paralelas si caminaban, en grupos de cuatro si se desplazaban a la carrera, etcétera.

Tipos de señales

En los comederos podemos descubrir restos de las presas de un animal cazador, que nos revelarán al depredador y la presencia por los alrededores de sus presas habituales.

Otro tipo de rastro es el de los lugares de descanso o cría de los animales. Por su tamaño, ubicación, materiales empleados y técnicas de construcción, podemos identificar a su propietario.

No todos los rastros o señales que encontremos serán marcas de las patas de los animales sobre el suelo. Hay otros muchos tipos de señales que podemos encontrar de las que podremos extraer gran cantidad de información bastante interesante y que nos será útil.

Los excrementos y la ubicación de los mismos nos dirán qué animal los

TRUCO

Un truco para reconocer a los animales, ya sea por sus huellas o por contacto visual directo, es por el hábitat en el que se encuentran y/o por su comportamiento. Es posible que de un simple vistazo no podamos reconocer una especie, pero conocer los hábitos y costumbres de los animales característicos de una zona nos permitirá descartar las especies que no pueden encontrarse en un hábitat concreto o comportarse de una determinada manera y reconocer entre las posibles restantes a la que estamos viendo o a la que ha dejado determinada huella.

Así, por ejemplo, cerca del agua sólo podremos encontrar a unos animales característicos, mientras que otros no se encontrarán allí. Si vemos una bandada o manada numerosa sabremos que no podrá ser de animales cuyos hábitos les hagan ser solitarios.

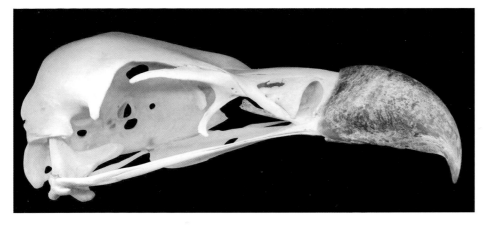

Cuando los animales mueren dejan tras de sí sus restos orgánicos, huesos, plumas, pieles, etc. Esos restos nos proporcionan gran cantidad de información sobre el individuo e incluso sobre las causas de su muerte.

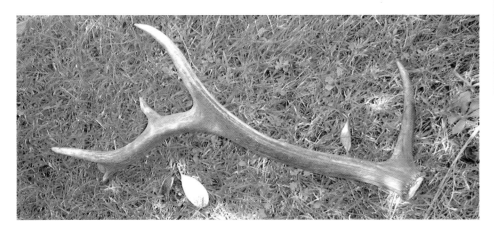

Muchos animales cambian la cornamenta, el plumaje o la piel cada año, con lo que dejan pistas de su presencia para quien sepa interpretarlas.

TRUCO

Para seguir un rastro o encontrarlo, para descubrir cualquier marca o señal de la fauna de un lugar, debemos valernos de todos nuestros sentidos. La vista, sin duda, será el principal, pero no debemos subestimar el oído, ni principalmente el olfato, que será un valioso aliado. La mayoría de los mamíferos marcan su territorio con orina, excrementos o glándulas especialmente destinadas a ese menester. Algunos animales, como las serpientes, tienen un olor característico fácil de identificar.

CONCEPTOS FUNDAMENTALES

• El reconocimiento, identificación y seguimiento de los rastros de los animales tienen muchas utilidades prácticas, algunas de las cuales pueden ayudarnos en una situación de emergencia.

• Los animales dejan diferentes tipos de huellas dependiendo de la clase (mamíferos, reptiles, aves...) a la que pertenezcan o del modo como se desplazan.

• Las huellas proporcionan gran cantidad de información como la especie a la que pertenece, su tamaño, su dirección, su velocidad, la actividad que desarrollaba cuando la dejó impresa, el sexo, el número de individuos o la abundancia de una especie en una zona.

dejó y de qué se alimentó la última vez. Si podemos determinar la especie y sabemos lo suficiente sobre ella, esa información puede ayudarnos a sobrevivir. Las semillas de frutos comestibles en los excrementos nos dirán que hay alimento cerca. Si el animal que los dejó tiene un territorio determinado, sabremos que en un radio concreto tendremos víveres.

Los restos de las presas de los depredadores nos indican su presencia, sus posaderos o comederos habituales y sus presas. Algunas aves, principalmente las rapaces nocturnas que tragan a sus presas enteras, regurgitan periódicamente unas bolas de pelo, huesos y materiales que no pueden digerir, denominadas egagrópilas. En ellas encontraremos huesecillos de la fauna más abundante de la zona y su

ubicación nos indicará los lugares de descanso de esas aves.

Otros rastros que podemos encontrarnos son los de nidos, camas, madrigueras, etc., es decir, los lugares de descanso o cría de los animales. Los nidos de las aves son una fuente de alimentos que no debemos despreciar. Por descontado, si nuestra supervivencia no depende de ello, no debemos molestar a ningún animal en su período de cría. Los lugares de descanso habituales pueden ser buenos lugares para colocar trampas.

También es posible descubrir marcas en los árboles o las rocas de algunas especies que acostumbran a marcar así su territorio, o restos como plumas, huesos, cornamentas... Todos ellos nos indicarán la presencia en la zona de determinadas especies.

SEÑALES DE AUXILIO

Si nuestras aficiones nos llevan con frecuencia a la naturaleza, en numerosas ocasiones comprobaremos que es un medio imprevisible. Los fenómenos atmosféricos o de cualquier otra índole pueden ser muy peligrosos si nos encontramos alejados de los núcleos urbanos y a merced de los elementos. Ya sea por esas circunstancias, por un accidente o por cualquier otra causa, puede que necesitemos llamar la atención, ser descubiertos, lograr que nos vean desde cualquier lugar y cuanto antes.

El color de los equipos de alta montaña no es casual, responde a la necesidad de ser visto con facilidad.

Los puntos elevados, los claros entre los árboles o los accidentes geográficos destacados, serán los mejores lugares para situarnos y hacer las señales de auxilio.

Tanto si nos quedamos en un lugar a esperar la ayuda o nos desplazamos en su busca, necesitaremos conocer una serie de señales que nos permitirán llamar la atención de nuestros rescatadores y comunicarnos con ellos una vez establecido el contacto.

Hay diferentes tipos de señales y códigos para comunicarnos, algunos son complicados de aprender y de recordar, si no se usan a menudo, como por ejemplo el Morse, mientras que otros son muy sencillos. Lo mejor será apuntar unos y otros y llevar siempre con nosotros esos apuntes. Una buena opción es realizar un esquema de todos ellos y plastificarlo. Esa tarjeta no pesa ni ocupa demasiado espacio y puede suponer una inestimable ayuda llegado el momento. A pesar de que conozcamos de memoria todas las señales y códigos, es conveniente llevarlos de este modo, pues pueden servir a otra persona que los desconozca, si no estamos con ellos, o nosotros mismos somos los heridos.

Si esperamos la ayuda en un lugar fijo podremos preparar las señales con más tiempo y hacerlas más efectivas. Las señales deben colocarse en lugares bien visibles, una señal luminosa entre los árboles se perderá y en el fondo de un valle puede pasar inadvertida.

Debemos buscar claros, puntos elevados o accidentes geográficos que destaquen del entorno y que nos faciliten la tarea de llamar la atención.

Si contamos con un radio-transmisor o incluso con un teléfono móvil, nuestras posibilidades serán mucho

CÓDIGO MORSE

A	•—	M	——	Y	—•——
B	—•••	N	—•	Z	——••
C	—•—•	O	———	1	•————
D	—••	P	•——•	2	••———
E	•	Q	——•—	3	•••——
F	••—•	R	•—•	4	••••—
G	——•	S	•••	5	•••••
H	••••	T	—	6	—••••
I	••	U	••—	7	——•••
J	•———	V	•••—	8	—————••
K	—•—	W	•——	9	————•
L	•—••	X	—••—	0	—————

ALFABETO FONÉTICO INTERNACIONAL

A	alfa	J	juliet	S	sierra
B	bravo	K	kilo	T	tango
C	charly	L	lima	U	uniform
D	delta	M	mike	V	víctor
E	eco	N	november	W	whisky
F	foxtrot	O	oscar	X	x ray
G	golf	P	papa	Y	yankee
H	hotel	Q	quebec	Z	zulú
I	india	R	romeo		

La ropa de colores vivos nos ayudará a ser localizados.

mayores. Sin embargo, dependiendo de las zonas, el teléfono puede encontrarse fuera de cobertura y, en cualquier caso, dependeremos de la duración de las baterías. El uso de las mismas debe ser racionado de forma lógica, manteniéndolo apagado mientras no pueda utilizarse y haciendo transmisiones periódicas con él o con la radio.

El Morse

Desde que Samuel Finley Breese Morse ideara en 1832 el código que lleva su nombre, su sistema ha servido para comunicarse y salvar miles de vidas. El código Morse nos servirá para diversos tipos de señales. Todo el mundo conoce el clásico SOS, que viene de «Save Our Souls» (salvad nuestras almas) y puede realizarse de muchas formas, desde escrito hasta, por medio del Morse, en señales acústicas o luminosas. También podemos realizarlo mediante una bandera que fabriquemos con una rama y una prenda de colores vivos. Un movimiento hacia la derecha se considerará un punto y hacia la izquierda una raya. Para que el movimiento sea visible en largas distancias hay que exagerarlo.

Si bien es cierto que los equipos de seguridad y rescate, tanto marítimos como aéreos, han abandonado el empleo del Morse, lo cierto es que la gran mayoría de sus integrantes conocen el código y se trata de una forma de comunicarse que puede resultar muy útil en determinadas circunstancias.

Otras señales

Es interesante conocer el alfabeto fonético internacional que asigna una palabra para cada letra, ayudándonos a hacer comprensible un mensaje en las peores condiciones de recepción o emisión.

Pero dispongamos o no de estos conocimientos debemos recordar que cualquier tipo de señal que repitamos tres veces será reconocida como una señal de socorro, ya sean tres destellos luminosos o tres silbidos. En las señales luminosas y acústicas deberemos dejar un minuto de espera tras cada tres señales y volver a repetir todo nuevamente mientras sea necesario.

Si queremos ser vistos, desde la distancia o desde el aire, recurriremos a señales luminosas o bien a otras que marcaremos en el suelo o en lugares visibles. Las ropas de colores vivos facilitarán nuestra localización, por lo que si tenemos una prenda de un color que destaque en el entorno en el que nos encontremos, nos la colocaremos encima de las demás o la utilizaremos atada a un palo como bandera.

Durante la noche, la luz de una simple linterna puede verse a muchos kilómetros de distancia, pero será mucho más efectivo un fuego. Ya se ha hablado de cómo debe hacerse un fuego y de las precauciones que deben tomarse para que no se convierta en un peligro, de forma que sólo explicaré cómo indicar que precisamos ayuda utilizando el fuego.

Si colocamos tres hogueras formando un triángulo equilátero (de lados iguales) conseguiremos una señal conocida internacionalmente. Si por cualquier circunstancia no nos es posible componer esa figura, tres fuegos

Es importante que nuestra señal se reconozca inmediatamente como algo realizado por el hombre. Una forma geométrica resultará muy efectiva.

serán suficiente. Pero puede ocurrir también que, por estar heridos o muy cansados, no podamos mantener tres fuegos separados entre sí, que nos obligan a una continua atención. En ese caso mantendremos un fuego y utilizaremos el humo como señal. Tres columnas de humo serán una señal reconocida de petición de socorro si las llamas no fuesen visibles, pero nos obligaría nuevamente a tener tres fuegos. Dependiendo del lugar necesitaremos humo claro u oscuro para que destaque contra el fondo del paisaje.

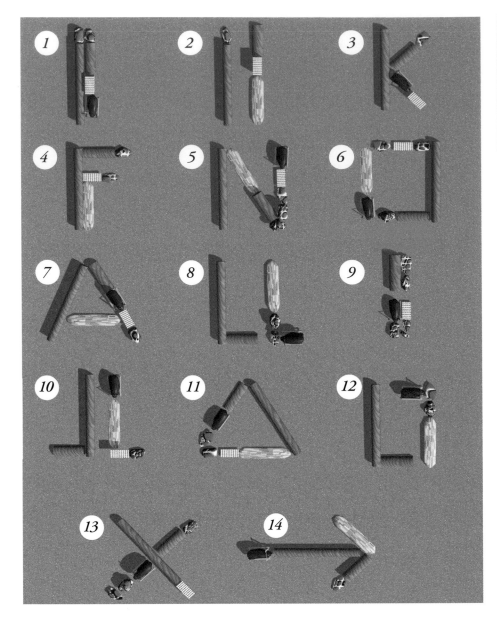

1- *Atención médica inmediata.*

2- *Necesito suministros médicos.*

3- *Indica dirección para continuar.*

4- *Necesito agua y comida.*

5- *Negativo.*

6- *Necesito brújula y mapa.*

7- *Afirmativo. También se usa «y».*

8- *Todo bien.*

9- *Necesito señal de radio. Pilas para linterna.*

10- *No entiendo.*

11- *Creo que es seguro aterrizar aquí.*

12- *Avión seriamente averiado.*

13- *Imposible continuar.*

14- *Me muevo en esa dirección.*

Para que sean realmente efectivas debemos hacerlas con materiales que destaquen contra el suelo y de unas medidas apropiadas. Tanto si las excavamos, como si las realizamos amontonando ramas, troncos o ropa, procuraremos hacerlas de unos tres metros de anchura y diez metros de largo. Las sombras que se producen al amontonar los objetos dotarán a nuestra señal de mayor contraste.

Las señales en el suelo están destinadas principalmente a los aviones, o, si nos encontrásemos en un valle, para quienes pudiesen vernos desde las alturas cercanas. Aunque cualquier señal geométrica será reconocida desde el aire, lo mejor es colocar una que posea un claro significado y comunique, además, un mensaje. Una señal recta, en forma de barra, como una gran «I», indicará que precisamos atención médica inmediata. Los suministros médicos los solicitaremos con dos barras «II» y la comida y el agua con una gran «F». Una «X» indicará que no podemos continuar. También podemos dibujar un SOS, separando cada letra unos tres metros. Una «LL» mayúscula será la señal de que todo está en orden. Si recordamos la palabra «FILL», recordaremos las principales señales.

Si estamos en la montaña rodeados de árboles precisaremos de humo blanco, pero si hay nieve, el humo oscuro se verá mejor, igual que en el desierto. El humo de color claro puede conseguirse, en abundancia, con madera verde o húmeda que arderá bien si nuestro fuego ya tiene fuerza. Deberemos tener preparado el material necesario junto a la hoguera para utilizarlo llegado el momento.

El humo oscuro lo obtendremos quemando material plástico, neumáticos, aceite o cualquier tipo de goma. Es conveniente buscar ese material antes de necesitarlo y, como en el caso anterior, tenerlo a mano cuando llegue el momento. El material combustible, la yesca, o la madera para las hogueras, debe estar protegido de la humedad y siempre dispuesto para cuando llegue el momento.

Si nos encontramos junto a los restos de un accidente podremos usar los materiales que encontremos a nuestro alrededor como señales y para hacer fuego y humo. Debemos tener mucho cuidado de no provocar un incendio pues aunque, lógicamente, llamaría la atención, pondría en peligro nuestra vida, y otras muchas, además de los daños irreparables que causaría.

Si tenemos combustible podemos verterlo en unos canales excavados en el suelo con lo que obtendríamos una señal muy visible y duradera. Aun careciendo de combustible, las señales en el suelo son una opción que no debemos olvidar.

Señales luminosas

Los consejos anteriores son principalmente útiles cuando debemos permanecer en un mismo lugar. Sin embargo puede que decidamos buscar la ayuda activamente y, en las proximidades de la misma o mientras la buscamos, vernos en la necesidad de llamar la atención. Ante una necesidad de hacer una señal rápida que llame la atención de nuestros posible rescatadores, utilizaremos otros medios.

La luz de una linterna ya hemos dicho que puede ayudarnos si la noche ha caído, pero durante el día pasara inadvertida, pues la luz del sol la hará prácticamente invisible. Ésa es la luz que debemos utilizar, la del sol. Lo mejor será utilizar un espejo, aunque cualquier cristal o superficie metálica puede servirnos. Además de realizar esas señales cuando veamos un avión o una posible ayuda, este tipo de señales pueden hacerse hacia el horizonte durante el día, pues pueden ser vistas desde una gran distancia. Una vez seamos descubiertos conviene dejar de hacerlas para nos deslumbrar a nuestros salvadores. Si estamos heridos o sin posibilidad de movernos serán una excelente opción ya que requieren muy poca energía.

Todos hemos comprobado cómo a veces el sol se refleja en el cristal de nuestro reloj y luego en una pared.

Es muy sencillo dirigir el haz de luz hacia donde queremos, pero la cosa se complica cuando debemos apuntar con ella a un objeto en el aire o lejano.

Siguiendo el mismo principio, partiremos de un punto reconocible y moveremos el reflejo en la dirección deseada.

Una luz roja será claro mensaje de peligro, socorro o negativa, mientras que una verde significará todo lo contrario. Para pedir socorro con una bandera hecha con ropa utilizaremos por lo tanto algo rojo, aunque cualquier cosa nos servirá para que nos localicen.

En la oscuridad, o próximos al anochecer, el color rojo no se ve. El sentido común nos hará corregir el modo de actuar en cada caso concreto.

TRUCO PARA EL HELIÓGRAFO

Si la explicación nos parece complicada pasemos a la práctica. Desde la ventana de nuestra casa podemos realizar el experimento. Seleccionemos cualquier vehículo de la calle como objetivo, alguno que tenga los catadióptricos visibles y tratemos de realizar los pasos anteriormente expuestos. Si lo realizamos todo correctamente veremos cómo los catadióptricos brillan al recibir el reflejo del sol que estamos enviando, con lo que tendremos la confirmación de nuestro éxito.

EL HELIÓGRAFO

Lo ideal para lanzar señales mediante la luz del sol sería contar con un heliógrafo, o algo parecido, lo que podemos obtener si utilizamos un objeto con dos superficies reflectantes y le practicamos un agujero. La idea es poder mirar a través del agujero, y emplear la superficie reflectante para hacer señales mientras vemos nuestro reflejo en la otra cara. La forma de utilizarlo es muy simple aunque la explicación pueda parecer lo contrario. De cara al sol miraremos a través del agujero hasta que veamos a la persona, el avión o aquello sobre lo que queramos hacer incidir el reflejo. La luz del sol que entra por el orificio formará un pequeño círculo en nuestra cara. Sin dejar de ver nuestro objetivo cambiaremos el ángulo del espejo para que el círculo de luz se sitúe justamente en el orificio. En ese momento nuestro objetivo recibirá un destello. (VÉASE TRUCO ADJUNTO).

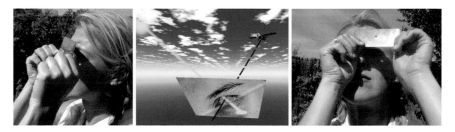

Sí

No

Necesito ayuda mecánica

Recogednos

No trate de aterrizar aquí

Lance un mensaje

Aterrice

Todo en orden

Tengo radio

Necesito ayuda médica

Puede proceder de inmediato

Estas señales normalmente se dirigen a aviones o helicópteros.

Señales acústicas y corporales

Si no tenemos con qué hacer señales luminosas o no hay sol, podemos utilizar señales acústicas. La voz no llegará muy lejos, a no ser que tengamos un medio de aumentarla, ya sea natural o artificial. Un silbato será mucho más efectivo (es el mejor momento para incluirlo en nuestro equipo de supervivencia). Seis pitidos seguidos tras un minuto de pausa, serán interpretados como una petición de socorro. Igual que seis señales luminosas o de cualquier otro tipo.

Señales corporales

Nuestro cuerpo también podrá servirnos como medio de comunicación. Para evitar recurrir a nuestras dotes interpretativas lo mejor es acudir a un sistema universal de comunicación. Los dos brazos en alto serán una señal de auxilio. Esas y otras señales podemos verlas en las imágenes de la página anterior.

Cuando realicemos estas señales debemos colocarnos en un lugar perfectamente visible. Si disponemos de prendas de colores llamativos debemos ponérnoslas para facilitar la comprensión de los mensajes. Si las señales van dirigidas a un avión, el piloto realizará determinadas maniobras para comunicarse a su vez con nosotros. Para confirmar la recepción del mensaje o contestar afirmativamente, el piloto hará oscilar las alas de su avión. Si las condiciones de luz no son buenas o es de noche, realizará señales intermitentes con sus luces verdes. Para comunicarnos que no entiende nuestro mensaje,

el piloto volará en círculos hacia la derecha o encenderá y apagará las luces rojas.

Señales en el camino

En nuestro camino hacia la salvación, es posible que nos alejemos de la ruta correcta, que caminemos en círculos, que elijamos el camino más largo o que caminemos derechos hacia casa. En cualquiera de los casos es conveniente señalizar nuestra marcha a intervalos, de forma que indiquemos a los posibles equipos de búsqueda nuestra dirección y tengamos una referencia para volver sobre nuestros pasos.

Para ello podemos utilizar todo cuanto encontremos a nuestro alrededor: palos, piedras, la propia vegetación, etc. Lo fundamental es realizar con estos elementos una composición que destaque y que sea claramente obra del hombre. Las señales deben ser duraderas, no nos ocurra como a Pulgarcito, fácilmente visibles e identificables como lo que son. Dos piedras en un camino no dicen nada, pero una sobre otra, indican la colaboración de la mano humana. Dibujar una flecha en el sentido de nuestra marcha ayudará más aún.

Atar unas ramas entre sí, clavar unos palos paralelamente o haciendo una «X», serán indicativos claros. Si tenemos forma de hacerlo podemos dejar un mensaje escrito en la cima de un montón de piedras, apilado por nosotros mismos, en un camino o una zona de paso.

La imaginación de cada uno será importante para saber sacar de cada medio y situación los recursos que nos brinda. Escribir con una rama quemada en una roca o mandar un mensaje en una botella río abajo puede suponer nuestra salvación, toda posibilidad por pequeña que sea debe ser aprovechada.

A menos que nuestra vida dependa de ello evitaremos dañar árboles, plantas, construcciones, etcétera.

CONCEPTOS FUNDAMENTALES

- Es conveniente aprender ciertos códigos y llevarlos impresos en nuestro equipo de supervivencia.
- En nuestro equipo de supervivencia no debe faltar un espejo de señales y un silbato.
- Tres o seis señales de cualquier tipo, seguidas de un minuto de pausa, se considerarán una petición de auxilio.
- Deberemos adaptar las señales a las condiciones particulares de cada caso, con el fin de que resulten más efectivas.

PRIMEROS AUXILIOS

Resultar herido o caer enfermo es una posibilidad que debemos contemplar antes de planear cualquier actividad en la naturaleza. Las causas pueden ser innumerables y el estado de los heridos muy variado. Nuestra situación puede comprometerse en extremo si nos encontramos muy lejos de las zonas habitadas, perdidos o las heridas o enfermedad son muy graves. ¿Qué hacer en esos casos? ¿Cómo comportarse? ¿De qué forma ayudar a los afectados y cómo mejorar su estado? Como siempre, el modo de actuar dependerá de las condiciones, de si se espera un rescate rápido o del lugar en el que nos encontremos.

Además, sentirse enfermo o herido nos afectará también psicológicamente, haciéndonos creer que todo está perdido y que ya no tenemos salvación. Si alguien del grupo nos atiende correctamente y nos sentimos en buenas manos, no sólo mejoraremos físicamente, sino que también lo haremos anímicamente y con ello aumentarán nuestra posibilidades de superar la experiencia con éxito.

Seguir un curso de primeros auxilios nos ayudará llegado ese momento, será interesante actualizar esos conocimientos cada año, para mantener frescas la teoría y la práctica. En uno de esos cursos, aprenderemos un conjunto de técnicas que nos servirán para mejorar el estado de una persona, hasta que llegue ayuda médica.

Ése es el cometido de un socorrista y esos conocimientos serán vitales para nosotros y nuestros compañeros en una situación límite. Sin los estudios necesarios, jamás podremos sustituir a un médico, pero, al menos, tendremos más posibilidades de mantener con vida a los accidentados o enfermos. Los siguientes consejos están pensados como preparativos para cuando lleguen los auténticos especialistas.

Cometidos y responsabilidades

Los socorristas no usan medicamentos ni ningún tipo de operación quirúrgica, sin embargo, llegado el caso y mientras llega esa ayuda, puede que nuestras funciones y cometidos aumenten si queremos conseguir nuestro objetivo prioritario: mantener con vida a las personas heridas o enfermas.

Ante un accidente debemos reaccionar con calma y seguir un patrón de comportamiento, una rutina cuyos pasos nos permitan prestar la ayuda necesaria con la máxima efectividad. Cualquier accidente es una situación caótica donde es fácil perder los nervios y muy difícil saber por dónde empezar, por lo tanto veamos cuáles son nuestras prioridades.

Nuestro modo de acción será el siguiente: en primer lugar determinaremos el número de accidentados y el estado de cada uno de ellos; en segundo lugar analizaremos el entorno en busca de fuentes de nuevos o posibles peligros; por último debemos avisar a los servicios de emergencia cuanto antes de lo sucedido para que manden ayuda profesional.

Imaginemos que lo que ha causado el accidente sigue siendo peligroso y puede causar uno nuevo, herirnos a nosotros o ser dañino para los heridos. Podemos intentar asegurar la zona de forma que el peligro desaparezca o bien salir de allí y buscar un lugar seguro. Trasladar a los heridos es un asunto delicado, que puede agravar su estado y poner en grave peligro su vida. Intentaremos evitar los traslados siempre que sea posible. Dejaremos protegida a la persona o personas afectadas y buscaremos ayuda cuanto antes. Nunca debemos dejarles solos,

Hay que evitar que los heridos pierdan calor. Jamás debe dejarse solo a un herido.

a menos que no haya nadie que pueda quedarse con ellos. Como decíamos al principio, es fundamental mantener alto el ánimo de la persona herida pues eso beneficiará a su estado general.

¿Qué se debe hacer primero, asegurar la zona o atender a los heridos? Cada situación nos dirá qué es lo mejor. Depende de la gravedad de los heridos y la naturaleza del peligro. Si por ejemplo, se produce un accidente de coche, el herido está dentro y el vehículo está ardiendo, sacarle será más urgente, a menos que tengamos un extintor y podamos dominar las llamas.

Es casos tan claros la elección es fácil, pero en otros momentos deberemos tomar una decisión basándonos en nuestros conocimientos. Las lesiones pueden agravarse con el traslado e incluso se pueden producir otras nuevas, tal vez más graves que las iniciales, por lo que la decisión no será fácil. Si la vida de otra persona está en nuestras manos tenemos que ser valientes y decididos, pero eso no significa actuar deprisa o sin pensar.

Prioridades y primeros pasos

Si hay diversos heridos graves, ¿a quién atendemos en primer lugar? Daremos prioridad a las grandes hemorragias y en segundo lugar, a las paradas cardiorrespiratorias. Si la persona está consciente, hay que interrogarla para saber su estado y la causa de los hechos. En principio nuestro deber será animar a la persona accidentada; muchas veces con eso es suficiente. Si está inconsciente, la colocaremos en la posición de seguridad y comprobaremos su respiración y pulso.

Es frecuente que, tras un accidente, se entre en estado de *shock*, es decir, que debido a las agresiones externas se ponga a funcionar un sistema de defensa de nuestro cuerpo por el cual se recoge sangre para los centros vitales, dejando desatendidas las necesidades periféricas.

Posición de seguridad.

Posición antishock.

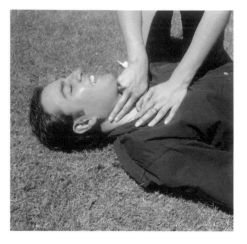

Buscaremos el pulso con los dedos índice y corazón en el cuello...

Los síntomas son bastante claros, se observa que la persona está pálida, que el pulso y la respiración son rápidos y débiles, siente una debilidad general y la piel y las extremidades están frías. El modo de actuar es bastante claro también. Se debe colocar a la persona en la posición *antishock* y cubrir con una manta, para evitar pérdidas de calor. Si esta situación se prolonga, puede conducir a la muerte.

Los vasos capilares, que se han cerrado en las zonas periféricas para impedir el paso de la sangre, provocan la asfixia de los órganos, cuando esto ocurre los capilares se abren nuevamente, incapaces de seguir soportando esa situación. Esto motiva que la mayor parte de la sangre acuda allí, dejando desatendidos los órganos principales. De la palidez y el frío anterior se pasa a todo lo contrario, el herido tendrá calor y rubor en la piel. La muerte estará próxima.

Si somos capaces de tranquilizar al herido, eliminar en lo posible su dolor y conseguir que se relaje, el estado de *shock* puede remitir, pues está motivado en gran medida por la adrenalina, que es una respuesta del miedo y la tensión que ha producido en el herido el accidente y las propias lesiones.

Reanimación

Tras el accidente, comprobaremos el pulso y la respiración de los heridos. El pulso lo buscaremos con los dedos a los lados de la nuez, o en la muñeca en el lado del dedo gordo. No busca-

remos con nuestro dedo pulgar, sino con el corazón y el anular, pues podríamos encontrar nuestro propio pulso. También podemos colocar el oído en el lado izquierdo del pecho. Un herido puede no respirar y no tener pulso o también puede ocurrir que le lata el corazón pero que no respire.

Para comprobar que respira colocaremos junto a la nariz y la boca un espejo, unas gafas o cualquier cristal. Si no se empaña es que no respira. Este método es el más seguro y es importante detectar la respiración más débil, pues sería perjudicial realizarle la respiración artificial en caso de que el herido lo haga por sí mismo.

Respiración artificial

Si el herido o enfermo no respira deberemos proporcionarle el oxígeno necesario mediante la respiración artificial. No importará cuánto tiempo lleve sin respirar, prolongaremos, si es preciso, durante horas esa maniobra, hasta que no podamos más o sea evidente que no hay nada que hacer. Antes de comenzar con la respiración boca a boca, que es el sistema más efectivo, nos aseguraremos que no haya nada que obstruya la boca. Si la asfixia se ha producido mientras se comía, colocaremos al herido boca abajo, con la cabeza de lado y empujaremos fuerte sobre sus costillas. No debemos temer hacerle daño, pues lo más peligroso es que no respire, un empujón fuerte hará que el aire residual empuje fuera el

...o la muñeca.

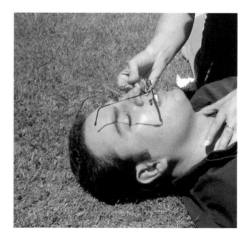

Antes de proceder con la respiración artificial es necesario asegurarse de que el herido no respira por sí mismo. Para detectar la respiración más débil podemos servirnos de unas gafas colocadas bajo la nariz, que se empañarán con la respiración.

objeto. La segunda tentativa no será tan fácil al quedar menos aire.

Una vez libre de obstáculos, colocaremos al herido boca arriba e inclinaremos su cabeza hacia atrás para abrir las vías respiratorias, si nos olvidamos de este paso, nuestra ayuda no será efectiva. Taparemos su nariz y espiraremos el aire de nuestros pulmones en los suyos a través de su boca vigilando que el pecho suba, lo que nos indicará que lo estamos haciendo correctamente.

Si no se eleva el pecho puede que la postura no sea la correcta o que no hayamos sacado los obstáculos de sus vías respiratorias, por lo que deberemos comprobar todo una vez más. Si todo funciona correctamente deberemos aplicar esa respiración unas quince veces por minuto, aunque no es necesario que sea exacto. Nos detendremos cada dos minutos para comprobar si respira por sí mismo. Si no estamos solos será mejor que nos

Hay que asegurarse de que nada obstruye las vías respiratorias del herido. El aire residual de los pulmones puede expulsar un objeto de las vías respiratorias.
Después, y con el herido boca arriba, echaremos su cabeza hacia atrás.

turnemos con un compañero, pues podemos marearnos.

Si el accidentado es un niño, deberemos tener cuidado al insuflar el aire pues podríamos dañar las paredes de sus alvéolos, e incluso romperlas, si lo hacemos con demasiada fuerza.

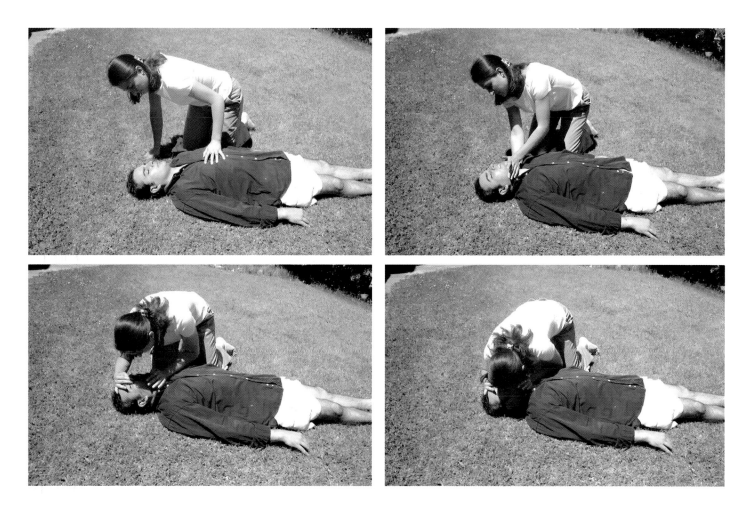

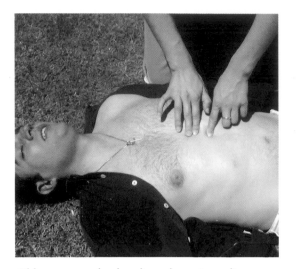

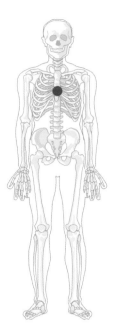

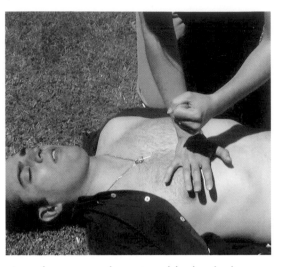

El lugar exacto donde aplicar el masaje cardíaco se localiza dos dedos por debajo del esternón.

Antes de comenzar el masaje se debe dar el golpe precordial.

Masaje cardiaco

Si el afectado no tiene pulso tendremos que tratar de estimular su corazón para que vuelva a latir. Para ello le proporcionaremos un masaje cardíaco. Lo primero es localizar el lugar exacto donde debe darse el masaje. Este punto se encuentra al final del esternón, unos dos dedos por encima de donde se unen las dos últimas costillas. Si lo hacemos directamente sobre las costillas podemos romperlas. Antes de comenzar el masaje propiamente dicho, debemos colocar la mano sobre ese punto, de forma que «el talón» de la misma, quede sobre el esternón y golpear fuerte con la otra. Tras el golpe precordial, esperaremos unos segundos, si el corazón no late, comenzaremos con el masaje.

Mantendremos la mano donde estaba y colocaremos la otra sobre ella. No hay que temer apretar demasiado, pues es necesario hacerlo con cierta fuerza. El masaje se compondrá de 60 o 70 movimientos bruscos y firmes por minuto, que ejerzan la suficiente presión como para deprimir el pecho unos cinco centímetros. En ese momento haremos una pausa, para comprobar si el corazón late por sí solo, pues sería perjudicial realizar el masaje cardíaco si así fuese.

Si el corazón no late y el herido

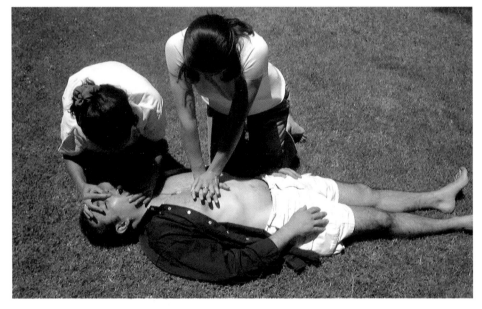

Respiración y masaje cardíaco simultáneo.

tampoco respira deberemos realizar simultáneamente las dos técnicas de reanimación. Daremos cuatro pulsaciones por cada respiración si lo hacemos nosotros solos. Si nos ayuda otra persona seguiremos el ritmo normal pero teniendo cuidado de no masajear mientras se insufla el aire, pues éste no llegaría a su destino.

Hemorragias

La visión de la sangre basta para que muchas personas se sientan mal, incluso si esa sangre no es suya. Una pequeña herida en un lugar muy vas-

cularizado, como por ejemplo la cara, hace que la situación parezca más grave de lo que es. Podemos enfrentarnos a distintos tipos de hemorragias, que no tengan que ver con una herida o una lesión visible.

Cuando la hemorragia se produce en el interior y sale al exterior por los conductos naturales, hablamos de una hemorragia exteriorizada.

Si debido a un trauma fuerte se rompe un vaso sanguíneo en el interior y la sangre se vierte dentro del cuerpo, hablaremos de una hemorragia interna.

Hemorragias internas

Son muy peligrosas, pues a menudo son difíciles de diagnosticar y aún más de dominar. El accidentado puede encontrarse bien, incluso puede ayudar a atender a otros heridos, pero poco después sentirá mareos, se pondrá pálido y sudoroso, su pulso aumentará hasta llegar a ser muy rápido, por encima de las 130 pulsaciones por minuto. El traslado es urgentísimo, pero el herido no deberá realizar ningún esfuerzo. Le trasladaremos con la cabeza baja y aplicaremos frío en el tórax y el abdomen. Estas medidas son las únicas que podemos aplicar, pero no serán demasiado efectivas, por ello es muy importante que reciba ayuda especializada cuanto antes.

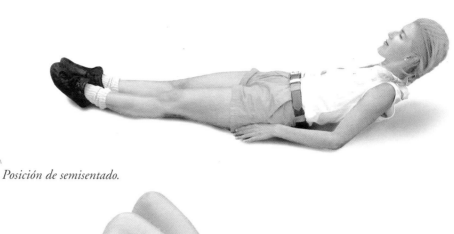

Posición de semisentado.

Posición ante una hematemesis.

Tipos de hemorragias exteriorizadas

Otorragias: No son peligrosas en cuanto a la pérdida de sangre, pero uno de los motivos por los que se producen es a consecuencia de una fractura de cráneo. Si la persona se ha golpeado en la cabeza, deberemos extremar las precauciones. En cuanto a cómo se debe actuar ante una fractura de este tipo se explica más adelante, aunque debemos saber que hay que evitar movimientos bruscos con la cabeza y trasladar al herido lateralmente sobre el lado del oído que sangra.

Epistaxis: Cuando la sangre sale por la nariz. Aquí debemos olvidarnos de los remedios caseros. Echar hacia atrás la cabeza no afectará para nada al motivo de la hemorragia, por lo que no se detendrá, mientras que hará que nos traguemos la sangre. Este remedio suele ser el que eligen muchas personas y supongo que tiene su origen en el intento de evitar que los niños se manchen la camisa, ya que carece de efectividad. Levantar el brazo por encima de la cabeza no responde a ese principio, pero tampoco a ninguno que nos beneficie. El modo de actuar es bien simple, oprimiendo la fosa nasal que sangra o echando aire, tapando la fosa que no sangra.

Si falla el método anterior, podemos aplicar un tapón, preferiblemente con una gasa, papel higiénico o un trozo de tela (si es posible empapado en agua oxigenada). Si sigue sangrando

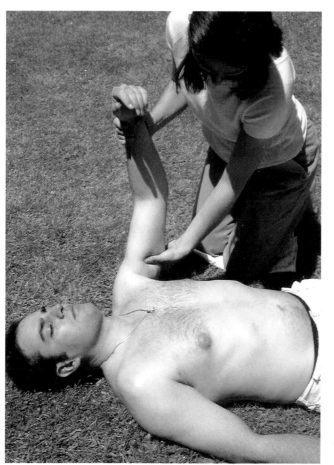

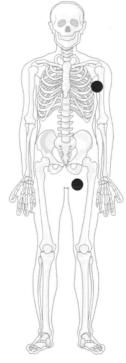

En la mayoría de las ocasiones bastará con elevar el miembro herido y presionar sobre la arteria que lo alimenta.

debemos trasladar a la persona a un centro médico más próximo. Por regla general los remedios anteriores suelen bastar.

Boca: Si la hemorragia proviene de las encías y no se debe a un cepillado de dientes demasiado entusiasta, se debe acudir a una consulta médica. Si la causa es el cepillado de dientes, se evitará realizando esta operación de forma correcta más a menudo. Si está causada por la extracción de una pieza dental, se puede hacer una bola de gasa, empaparla en agua oxigenada y cerrar la boca colocando la bola de gasa en el agujero de la muela unos 20 minutos. Si esto falla debemos ir al médico.

Hemoptisis: Se trata de una hemorragia pulmonar. Sus características son el color de la sangre rojo brillante con espuma y suele ir acompañada de tos. Debemos colocar algo frío donde la persona afectada sienta las molestias. Evitaremos que coma o beba y le mantendremos en posición de semisentado.

Hematemesis: Sale por la boca pero proviene del estómago. La sangre es de color negruzco y va acompañada de vómitos. Las personas que sufren una hematemesis tienen malestar general y pueden llegar a perder el conocimiento. Se les debe colocar algo frío en el estómago y trasladarles con las piernas encogidas.

Hematurias: Cuando la sangre sale con la orina. Suelen producirse por golpes en la espalda o por algún cólico; son de difícil tratamiento.

Torniquetes

Es habitual que las películas nos muestren que, ante la herida más insignificante, o la mordedura de una serpiente, el explorador se ponga un torniquete y luego recorra medio mundo, salve a la chica y se pase el resto de la historia sin acordarse del trozo de tela que le está cortando la circulación a uno de sus miembros. Esto forma parte del trabajo del equipo de efectos especiales y nada tiene que ver con la realidad.

Los torniquetes son el último recurso para detener una hemorragia o impedir que el veneno actúe. Antes optaremos por todos los demás recursos, pues el torniquete es una medida extrema, que, mal aplicada, puede hacer más mal que bien.

Elevando el miembro herido por encima del corazón y presionando fuertemente sobre la herida, conseguiremos que la mayoría de las hemorragias se detengan. La presión debe ser firme y prolongarse durante el tiempo necesario. Si así no cediese, procederemos a presionar las arterias que alimentan el miembro (lógicamente si la herida es en la cabeza no estrangularemos a la persona herida, esto sólo se refiere a brazos y piernas). En los brazos deberemos presionar la arteria contra el húmero, es decir contra el hueso que va desde el hombro al codo, lo que conseguiremos apretando la cara interna del bíceps, en el lugar en que notemos el pulso. En la pierna colocaremos la mano en el hueso de la cadera y buscaremos el latido a una distancia de unos cuatro dedos en el pliegue de la ingle, donde presionaremos.

Si todo esto fallase pensaremos en el torniquete, sabiendo el riesgo que corremos. Si bien cualquier persona puede poner un torniquete, sólo debe quitarlo un médico. La razón es que los miembros que han estado privados de la sangre, tienen toxinas producidas por la falta de oxígeno, que pueden causar la muerte si pasan al resto del cuerpo.

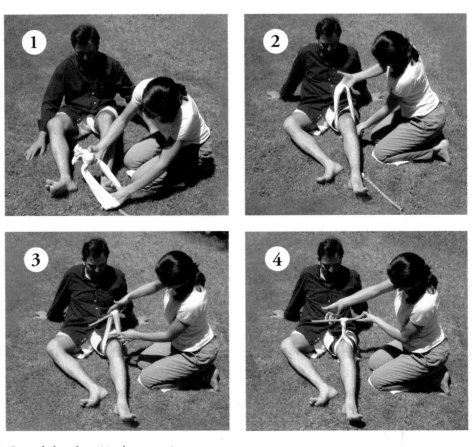

Pasos de la colocación de un torniquete.

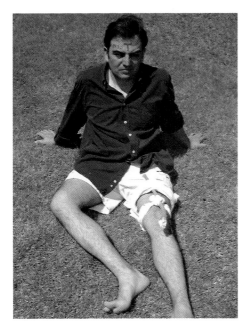

El torniquete siempre deberá estar visible. Es aconsejable pintar una «T» en la frente del herido.

La forma de colocarlo es la siguiente: buscaremos una tela que nos servirá para realizar un círculo que envolverá el miembro afectado y que colocaremos por encima de la herida, entre ésta y el corazón. Meteremos un palo por el círculo de tela y lo giraremos enrollando la tela sobre él, hasta que la presión haga que se detenga la hemorragia. Nunca se debe utilizar una cuerda o un alambre, pues produciría graves daños al herido. Una manga de una camisa o tiras de la misma será lo mejor.

Es fundamental apuntar la hora en la que se le ha colocado el torniquete e incluso pintarle una «T» en la frente al herido, que indique a los médicos que el herido lleva un torniquete. Jamás debe taparse con ropas o con cualquier cosa que le haga pasar inadvertido ante el médico.

Con el torniquete correctamente puesto, esperaremos diez minutos, tras los cuales, y manteniendo el miembro afectado en alto, procederemos a aflojarlo muy lentamente. Si hemos logrado cohibir la hemorragia, lo quitaremos definitivamente. Si sangra menos, intentaremos los métodos anteriores. Si continúa sangrando abundante-

mente volveremos a apretar el torniquete y desde entonces lo aflojaremos cinco minutos de cada veinte, con el fin de que el miembro reciba oxígeno y a pesar de que sangre.

Si tras las primeras veces conseguimos detener la hemorragia, volveremos a apretarlo para evitar que las toxinas que motiva la falta de oxígeno puedan pasar a la sangre. El torniquete no debe estar puesto más de tres horas, siguiendo siempre los intervalos de descanso de cinco minutos. Ése es el límite de tiempo para encontrar ayuda médica.

Si cumple ese plazo y se deja el torniquete puesto, el miembro herido se perderá, pero quitar el torniquete puede ser mortal, es decir que estaremos ante un dilema de difícil solución y que lleva consigo responsabilidades penales. Si el herido está consciente será mejor que elija él mismo, si no lo está o no es capaz de decidir por sí mismo, deberemos ser nosotros quienes tomemos y afrontemos la decisión.

Ya se ha dicho que un torniquete debe quitarlo un médico, por lo que, si decidimos quitarlo nosotros, debemos conocer los riesgos y las dificultades. Para aflojarlo lo haremos poco a poco y siguiendo una pauta. Aflojaremos y lo dejaremos suelto cinco minutos de cada quince, después cinco de cada diez. Así llegaremos a tenerlo quitado cinco minutos y puesto otros cinco, y finalmente cinco por cada uno.

Durante este proceso vigilaremos el estado del herido, si observamos que se marea o se pone pálido, volveremos a apretar el torniquete hasta que se le pase.

Heridas

La causa más común de que se produzca una hemorragia es a causa de una herida. Dependiendo de cómo se produzcan tendrán diferente aspecto y requerirán unas atenciones diferentes. Los tipos de heridas son los siguientes:

a) Incisas: Son producidas por objetos cortantes, sangran abundante-

mente, aunque son poco dolorosas. Sus bordes son limpios.

b) Contusas: Sangran menos pero duelen más. Son heridas producidas por objetos contundentes, presentan bordes muy irregulares y se infectan fácilmente.

c) Punzantes: Están ocasionadas por objetos puntiagudos, tienen más profundidad que superficie y hay peligro de infección tetánica.

d) Desgarro: Son producidas por tracción brusca de los tejidos. Los bordes están muy separados y son irregulares.

La clasificación de las heridas también puede hacerse según su forma: lineales, aquellas que tienen forma de línea; colgajo, donde parte del tejido se ha separado pero sigue unido al cuerpo; y con perdida de sustancia, aquéllas en las que falta tejido donde está la herida.

Los síntomas de la herida son: dolor, que dependerá de distintos factores como la zona donde se encuentre la herida, del tipo de la misma y de la propia persona; hemorragia, que dependerá de los vasos sanguíneos rotos; y la separación de bordes, que puede variar según la zona y el tamaño de la herida.

Tratamiento:

Sencillas: Son las heridas que no dan problemas posteriores. Debemos limpiar la herida primero con agua oxigenada o del grifo. Tanto las manos como cualquier instrumento que empleemos deben estar limpios. El alcohol lo emplearemos para limpiar los instrumentos, nunca para las heridas. Lógicamente el alcohol desinfecta la lesión, pero para eso existen otros productos. Después haremos una segunda limpieza con una gasa desde el centro hacía fuera, para evitar que queden dentro cuerpos extraños (tierra, etc.). Tras todo ello aplicaremos un antiséptico como por ejemplo «Betadine» y procederemos a tapar la herida.

Graves: Las heridas graves pueden dividirse en generales, del tórax, en el cráneo, o en el abdomen.

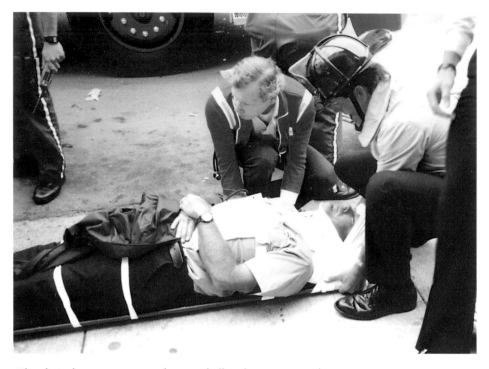

El trabajo de un socorrista acaba cuando llega la atención médica.

Las generales, si precisan de sutura, se deben cubrir. Para ello emplearemos lo que tengamos a mano, un trozo de camisa o lo que sea. Si utilizamos ropa para tapar las heridas, evitaremos los tejidos que tengan pelos o puedan dejar restos en la herida.

La autosutura se la dejaremos a Rambo mientras las condiciones no nos obliguen a practicarla. Para esos casos existen puntos adhesivos mucho más sencillos de poner.

Las heridas que se producen en el tórax se dividen a su vez en perforantes y no perforantes.

Perforantes: Se nota la entrada y la salida de aire. Se debe cubrir rápidamente. Si una persona tiene un objeto clavado, nunca se le saca, se fija el objeto de alguna forma y se tapa la herida.

Para vendar las heridas que se producen en el abdomen se ha de utilizar una tela ancha. Si salen los intestinos del abdomen, no se han de tocar, lo mejor es cubrirlos. Con estas heridas el riesgo de infección es muy alto, sin la asistencia médica necesaria la mayoría de estas heridas son mortales.

Las lesiones de la cabeza son siempre graves y debemos tratar que el herido reciba cuidado médico si las condiciones lo permiten. Las heridas en el cráneo se dividen en: A) las del cuero cabelludo, B) las fracturas, C) las fracturas que van acompañadas de lesión cerebral. Para trasladar al herido utilizaremos las posiciones de tumbado con las piernas encogidas y de semisentado.

A) Cuero cabelludo: debemos cubrirla y trasladar a la persona herida.

B) Fracturas: no se debe presionar ni tocar la lesión, se traslada al herido en la posición de semisentado.

C) Fractura y lesión cerebral: los síntomas son vómitos rápidos y cortos, las pupilas aparecen de distinto tamaño, el herido tiene convulsiones. Se debe trasladar urgentemente cubriendo la lesión.

Lesiones de articulaciones

Las articulaciones están compuestas por tejidos blandos y tejidos óseos. Son la unión de dos o más huesos. Las lesiones de las articulaciones pueden ser esguinces o luxaciones.

Esguince: Son lesiones producidas por un movimiento que rebasa los límites normales de la articulación, produciendo una separación temporal de las superficies articulares. Los síntomas de los esguinces son dolor, dificultad de movimientos e inflamación. El tratamiento es mantener en reposo la zona afectada, elevarla y aplicar frío. Hay que colocar un vendaje que inmovilice la lesión. El esguince requiere tiempo para curar, por lo que el reposo se efectuará una vez que nos encontremos a salvo. Si el herido no puede caminar deberemos transportarlo.

Siempre que hablamos de aplicar frío no nos referimos a hielo en contacto directo con la piel. Si empleamos hielo ante, por ejemplo, una contusión o un miembro amputado que queremos conservar hasta llegar al medico, el hielo nunca debe tocar la piel por lo que le aislaremos de la misma con ropas, etc.

Luxaciones: Se producen por el mismo motivo que los esguinces, pero el resultado es que los huesos no se colocan nuevamente en su sitio, es decir, que la articulación queda desarticulada. Los síntomas son dolor, impotencia funcional, contracción muscular, y deformación de la zona. A pesar de lo que vemos en las películas, es preferible inmovilizar tal y como está y trasladar a un centro médico para que los huesos se coloquen allí.

La luxación de mandíbula es relativamente fácil de arreglar. Con los dedos pulgares protegidos con unos

Modo de proceder ante una luxación de mandíbula.

pañuelos enrollados, los colocaremos en los últimos molares inferiores y los moveremos de delante a atrás. Cuando la mandíbula se coloca se cierra violentamente, por lo que protegerse los dedos es muy importante.

Las fracturas

De entre las muchas lesiones que se pueden producir si se realizan deportes en la naturaleza, las fracturas pueden ser de las más habituales y, por la disfunción que las acompaña, de las más molestas y duraderas.

El hueso tiene un tejido esponjoso en el interior y un tejido compacto de protección, si este último se parte, la labor de sujección y apoyo del hueso deja de ser efectiva.

Las fracturas pueden catalogarse según su localización, según su forma, según el número de fracturas o según la causa. Los síntomas de la fractura son dolor difuso y dolor localizado en el foco de la fractura, contracción muscular, impotencia funcional, se puede oír el chasquido de fractura en el momento de producirse, aparece inflamación y, si se mueve, se percibe la crepitación del hueso al rozar (esta última constatación sólo debe hacerse de manera casual, pues las astillas del hueso pueden provocar lesiones graves si se mueven).

Lo primero que debemos hacer es inmovilizar las dos articulaciones próximas a la fractura utilizando vendas o telas y tablillas o ramas. Si vamos a emplear ramas deberemos envolverlas en tela para que no provoquen una lesión al estar presionando contra la piel. Si mantenemos la zona elevada evitaremos que se inflame en exceso, hay que evitar los movimientos de la zona lesionada. Después conviene trasladar al herido cuidadosamente.

El brazo y el antebrazo deben inmovilizarse con tablillas y colocar, además, una venda o un pañuelo para sujetarlos en la posición A (para el hombro y el brazo) o B (para la muñeca y el antebrazo) de la figura. La muñeca precisará el mismo tratamiento.

En las fracturas de fémur o cadera

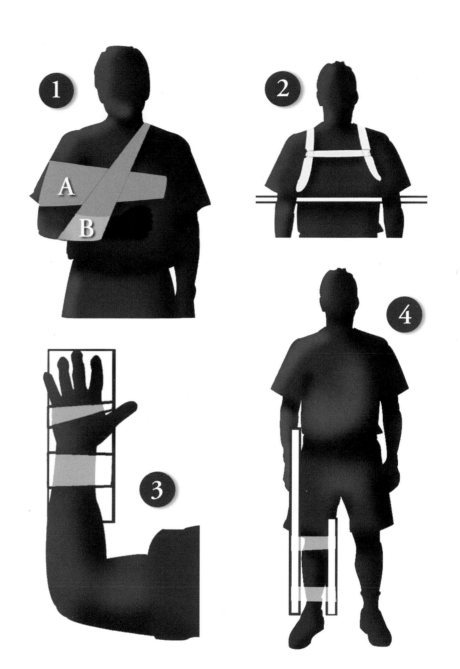

la inmovilización debe hacerse con una tabla exterior desde la cadera al tobillo y una interior del tobillo a la rodilla. Con las de rodilla, la tabla o las ramas deben ir desde el tobillo hasta por encima de la rodilla. Con las de tobillo, podemos emplear una manta enrollada, con la que cubriremos el pie. Se cierra atándola.

El codo se puede inmovilizar igual que la fractura de hombro, manteniéndolo flexionado y sujeto como en la figura (en este caso se recomienda dos vendas como en la posición A+B). En extensión se inmoviliza con una tablilla por delante o por detrás sujeta con vendas, tela, cintas, etcétera.

Para la fractura de clavícula hay que hacer tres anillos de tela, dos se pasaran por los brazos y otro los unirá por detrás. Con lo codos del herido hacia atrás colocaremos un palo entre ellos que los mantenga en esa posición.

Las costillas no es necesario inmovilizarlas, a menos que se trate de una fractura multiple y se muevan al respirar; en ese caso se vendará el tórax.

La fractura de columna vertebral sería igual que cualquier otra si en su interior no albergase la médula espinal. El peligro reside en el posible daño de la médula. No se debe mover al herido, pues podemos agravar la situación y producirle daños irreparables. Si fuese necesario, se hará entre varias personas evitando los movimientos de la espalda. El traslado debe hacerse sobre un plano duro, evitando movimientos. Los síntomas de este tipo de lesión son calambres y falta de sensación.

Contusiones

Son lesiones que sufren los tejidos próximos a la piel, producidos por un golpe, en los que no llega a haber rotura de la piel. Hay diferentes tipos dependiendo de su gravedad:

— Las contusiones mínimas sólo presentan un enrojecimiento, no es necesario ningún tratamiento.

— Las contusiones de primer grado son aquella en las que aparece un cardenal. Es suficiente con aplicar frío.

— Las contusiones de segundo grado son aquellas cuyo resultado es un hematoma o un chichón. También se debe aplicar frío, comprimir y elevar la zona lesionada.

— Con las contusiones de tercer grado hay una lesión de la piel y los tejidos profundos. También hay que aplicar frío y comprimir. Aplicaremos, además, un antiséptico e inmovilizaremos la zona. Estas últimas requieren una revisión médica.

Las quemaduras

Son las lesiones producidas por el calor que actúa en los tejidos, provocando en ellos diferentes daños. Estos daños pueden ser locales y generales. Los locales son la causa del dolor, las ampollas y hasta de zonas de necrosis o muerte de los tejidos, donde hay una ausencia de dolor. Las generales ocasionan diferentes estados de *shock*. Si se produce una infección a consecuencia de las lesiones, se conoce como *shock* séptico. En ocasiones el dolor es tan fuerte que se hace insoportable, produciéndose un *shock* neurológico.

La gravedad de las quemaduras se mide por la extensión de la superficie corporal a la que afectan y no por profundidad de las mismas. Son más graves cuanto más grandes no cuanto más profundas.

Clasificación

Mínima: 1% de la superficie corporal.

Leves: 10% de la superficie corporal.

Graves: 30-50% de la superficie corporal.

Mortales: más del 50% de la superficie corporal.

El tratamiento será diferente dependiendo de la gravedad. Si es mínima, bastará con sumergir en agua fría la zona afectada y aplicar pomada hidratante o aplicar gasa vaselinizada.

Las leves necesitarán, además de la gasa estéril, un vendaje. Mantener así cuatro días si no molesta y dependiendo de la evolución.

Las graves necesitan cuidados médicos urgentes. Se deben cubrir y es necesario trasladar al herido hasta un centro médico. Si se queda algún rastro de cualquier tipo en la quemadura es necesario limpiarla. Si la ropa queda adherida hay que recortarla y dejar el trozo pegado.

Si las quemaduras se producen en la cabeza o en la boca, hay que trasladar al herido semisentado.

Congelaciones

Son lesiones producidas por el frío. Se dividen en locales y generales. Las locales pueden ser de diversos grados: 1) la piel fría y pálida, pérdida relativa de la sensibilidad; 2) aparecen ampollas; 3) necrosis.

Para el tratamiento de las locales debemos evitar el frío. Hay que calentar la zona afectada lentamente, de otra forma se pueden producir daños en los tejidos. Para calentarlo lentamente, se mete la zona afectada en

agua, que sucesivamente será más caliente, y se va dando un masaje suave. Hay que mantener la zona caliente y se deben aplicar apósitos.

Las congelaciones generales tienen efectos mucho más peligrosos. Comienzan con fatiga que conduce a un adormecimiento. Si el frío continúa, se llega al coma y finalmente se produce el fallecimiento.

Cuando se presentan los primeros síntomas hay que evitar que la persona afectada se pare y llevarla cuanto antes a un lugar cálido. Se le debe poner ropa seca y arroparle. Si estando solos nos encontramos en esa situación, dependeremos de nuestro espíritu de lucha para mantenernos en movimiento hasta ser rescatados o encontrar un refugio.

Traumatismos químicos

Son lesiones ocasionadas por la acción de agentes químicos sobre los tejidos. Los agentes químicos se dividen en bases y ácidos. Los primeros neutralizan a los segundos y viceversa, por lo que, para comenzar el tratamiento, se debe neutralizar los ácidos con una base y las bases con un ácido. Luego hay que lavar con agua abundante. Sobre la zona afectada hay que aplicar pomada hidratante. Si la lesión se produce en los ojos, se debe lavar durante 20 o 30 minutos.

Traumatismos eléctricos

Son aquellas lesiones producidas por la electricidad. Las lesiones que

provoca son quemaduras o la llamada marca eléctrica, que es la señal que queda, con la forma del objeto que nos ha producido la marca. La quemaduras tienen los bordes igual a una quemadura normal.

Puede producir lesiones generales que tienen como resultado la parada cardíaca y parada respiratoria. Las lesiones locales se tratan igual que las quemaduras y para las generales es necesaria la reanimación.

Ante una parada cardíaca se debe dar el golpe precordial o puñetazo en el esternón y proceder al masaje cardíaco. La parada respiratoria requiere el boca a boca.

Mordeduras y picaduras

Evitando molestar a las criaturas venenosas lograremos escapar de la mayoría de estas lesiones, pero aun así pueden producirse accidentalmente. Si nos muerde un perro, un zorro, una rata o un murciélago puede transmitirnos la rabia; deberemos seguir un tratamiento igual al que se describe a continuación, pero con una limpieza mucho más cuidadosa, y acudir cuanto antes a un especialista.

La mordedura debe lavarse a conciencia con abundante agua, realizando una limpieza exhaustiva. Luego cubriremos la herida.

La mordedura de una serpiente es algo mucho más difícil que se produzca. Si no es venenosa, presentará una forma diferente a las de aquélla que sí lo es. En este caso, la marca de todos los dientes será uniforme, y tendrá una forma redondeada. Si la serpiente es venenosa, los dientes destinados a inocular el veneno dejarán una marca bien visible.

Al menos así es en la teoría, pues en la práctica el acto reflejo de retirar la mano hará que desgarremos la piel de la zona mordida y se vea mucha sangre. Si no retirásemos la mano, la mayoría de las serpientes no serían capaces siquiera de atravesar la piel, pues no tienen demasiada fuerza en las mandíbulas. Lo mejor es por lo tanto ser capaces de reconocer visualmente las serpientes venenosas de las que no lo son, como se explica en el capítulo dedicado a los animales peligrosos.

Tal y como hemos visto en el cine, ante la mordedura de una serpiente o cualquier animal venenoso, hay que practicar una incisión sobre la herida y absorber con la boca para tratar de sacar el veneno. Esto jamás debe hacerse si se tienen en la boca heridas, úlceras, etc., pues el veneno pasaría a nosotros y estaría en una zona más peligrosa. El veneno, lógicamente, se escupe. La aplicación de un torniquete, como ya se ha dicho, sólo debe hacerse en caso de máximo peligro. Si es en una extremidad se debe aplicar frío y trasladar al herido.

El veneno se extiende por el torrente sanguíneo, por lo que, si corremos en busca de ayuda, el corazón latirá más deprisa, la sangre fluirá más rápido y el veneno se extenderá antes. El herido debe trasladarse lo más relajado posible y haciendo el mínimo esfuerzo.

La picadura de algunas criaturas, como las avispas puede producir alergias, por lo que resulta más peligrosa para las personas que padezcan alguna. Las garrapatas son realmente peligrosas, y no debemos arrancarlas si las encontramos vampirizándonos y aprovechándose de nuestros recursos. Lo mejor es aplicar algún líquido que las obligue a soltarse, pues, si su cabeza se queda bajo la piel, puede enquistarse.

Las posibles lesiones y enfermedades que pueden aparecer en una experiencia en la naturaleza son casi infinitas, pasando de un simple resfriado, hasta un ataque al corazón, infecciones de todo tipo, diarreas, malaria, etc. Enumerarlas todas requeriría un libro entero, por lo que para aquellos que quieran ampliar sus conocimientos les recomiendo libros especializados en el tema.

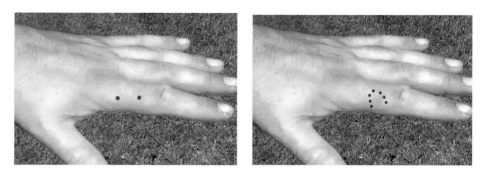

CONCEPTOS FUNDAMENTALES

• Aunque debamos evitar toda situación de riesgo es posible que se produzca un accidente durante nuestras actividades y debemos estar preparados para ello.

• Es recomendable seguir un curso de primeros auxilios y actualizarlo cada año.

• En esos cursos obtendremos la calificación de socorrista. Un socorrista nunca usa medicamentos ni ningún tipo de operación quirúrgica. Su misión es mantener en el mejor estado posible a la persona enferma o herida hasta que llegue la ayuda médica.

• Es necesario establecer una rutina de actuación ante un accidente, para seguirla de forma mecánica llegado el caso.

• Nunca se debe dejar solo a un herido.

• Siempre llevaremos un pequeño manual de primeros auxilios y un botiquín bien surtido en nuestro equipo.

ANIMALES PELIGROSOS

Los destinos más exóticos que pueda elegir un viajero suelen contar también con una fauna única y característica que, en muchas ocasiones, puede suponer un riesgo añadido a cualquier aventura. Partiendo de la base de que los peligros derivados de los animales son más un accidente que otra cosa, conozcamos qué animales pueden suponer un problema y aprendamos algo sobre su comportamiento, para minimizar esos riesgos y, en lo posible, eliminarlos.

Los grandes felinos no son los animales más peligrosos para el hombre.

Uno de los muchos riesgos a los que nos podemos enfrentar fuera de los límites de las ciudades son los derivados de la fauna. Antes de considerar a un animal como peligroso para el hombre, hay que tener en cuenta que la situación es más bien la contraria, es decir, es el hombre el que resulta peligroso para el resto de los seres vivos. Y eso que nuestra única arma es un cerebro muy desarrollado que normalmente, en lo que se refiere al medio ambiente, perece que no usemos.

Aun así, hay ciertas criaturas con las que tenemos que tener precauciones. La mayoría de las personas cuando piensan en animales peligrosos, piensan en los tiburones, en los tigres o en arácnidos y reptiles venenosos. Sin embargo, excluyendo al hombre de la lista, encontraremos a un enemigo menos espectacular pero sin duda temible. No se trata de un terrible escualo, ni de un poderoso mamífero carnívoro, ni siquiera de un terrorífico arácnido, sino de un simple mos-

A pesar de que en ocasiones y lugares los tiburones suponen un riesgo para los seres humanos, tampoco son, sin embargo, los más peligrosos.

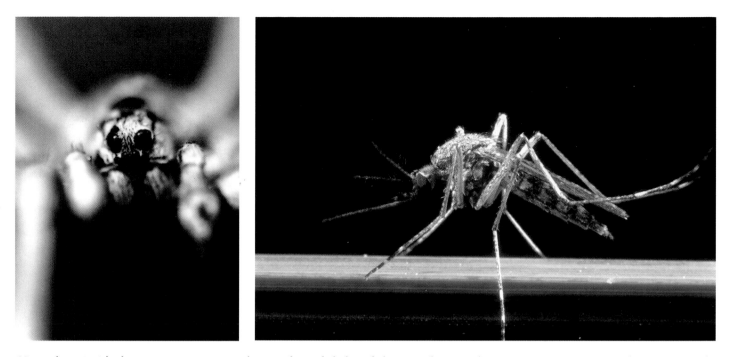

No son los arácnidos los que se encuentran en el primer lugar de la lista de los animales más peligrosos. Ese puesto está reservado para un simple mosquito cuya picadura transmite el paludismo.

quito, perteneciente al género Plasmodium, responsable del 50% de las muertes no naturales acaecidas desde la Edad Media –sin contar con las producidas por las guerras o los accidentes, es decir, por el peligroso hombre–.

Los grandes mamíferos y los tiburones, siguen muy por detrás en la lista. Mucho antes encontramos a las serpientes, las más venenosas del mundo están en Australia. A pesar de ello, al año no hay más de dos o tres muertes por esta causa, gracias a que se cuenta con eficaces antídotos. Otro caso muy diferente es el de las cobras de la India, que en ese país causan cerca de 5.000 muertes al año.

Aun así, a nivel de especies, el hombre sigue siendo más peligroso para las serpientes que al revés. Desde el sureste asiático se exportan anualmente cerca de 750.000 pieles de pitón. En los Estados Unidos se matan entre 250.000 y 500.000 serpientes de cascabel, que terminan cocinadas o sirviendo como adorno, a pesar de estar protegidas por la ley.

En el mundo de los anfibios, encontramos a la criatura más veneno-

Los llamativos colores de este anfibio advierten a sus posibles enemigos de su toxicidad.

sa conocida, la rana veneno de flecha, que habita en Sudamérica y a pesar de su reducido tamaño, unos pocos centímetros, posee una cantidad de veneno capaz de matar a la expedición más numerosa. Sin embargo, no es un animal sediento de

sangre que recorra los campamentos en las noches sin luna sembrando el terror, es una ranita de brillantes colores que no hace daño a nadie mientras no se la toque o manipule, en cuyo caso su simple contacto puede ser letal.

Te estoy avisando...

Los animales suelen avisarnos de su toxicidad o sus intenciones con diferentes sistemas. La rana veneno de flecha, como otras similares, tiene la piel de brillantes colores para dejar claro que es venenosa y disuadir así a sus enemigos de que intenten comérsela.

La mayoría de las serpientes realiza toda una serie de exhibiciones antes de atacar. Se levantan para aparentar más tamaño o con el mismo propósito se hinchan. Las serpientes de cascabel hacen sonar este curioso instrumento que poseen en la cola para avisar a quien se aproxima que ella está ahí y que no quiere problemas. Todo ello es para evitar usar su veneno, algo que en realidad está destinado a sus presas, es decir, se trata de un sistema de caza, no de ataque. Otras muchas serpientes que no son venenosas utilizan los colores de las que sí lo son o imitan sus actitudes para defenderse.

La importancia de informarse

De todo lo anterior, que tan sólo se trata de un par de simples ejemplos de la variedad de recursos y maravillas del mundo natural, se deduce que antes de cualquier viaje debemos estudiar la fauna que vamos a encontrar en nuestros destino. En ocasiones, la fauna no supondrá ningún problema. En otros, tendremos que conocer su variedad y, en la medida de nuestras posibilidades, sus costumbres. Gracias a ello podremos evitar riesgos y sustos.

Cada zona tiene su fauna característica que hay que conocer y saber evitar. Así, en Europa, el único peligro de bañarse en un río puede ser la contaminación del agua, mientras que en Sudamérica, por ejemplo, podemos enfrentarnos a pirañas, caimanes y otras criaturas. Las precauciones deben basarse en la planificación y los estudios previos que hayamos realizado.

Leyendas y realidad

Determinados animales, a pesar de resultar venenosos o peligrosos, necesitarían, además, un milagro para producir daños en el hombre. Sus venenos están destinados a sus presas, más pequeñas, y por lo tanto no resultarán peligrosos a menos que el afectado sea un niño, un anciano o una persona alérgica a ese veneno. Otros muchos pertenecen a especies que han sido difamadas durante años y cuyos «poderes» se han exagerado hasta extremos insólitos. Así ocurre con muchas arañas y anfibios cuya sóla mención hace cundir el pánico y que, en realidad, son seres prácticamente inofensivos. Sin embargo hay otros muchos que pueden poner en serio peligro la vida de los seres humanos, y distinguir las leyendas y exageraciones de la realidad será, una vez más, cuestión de estudio.

Entre los arácnidos, grupo al que pertenecen las arañas y los escorpiones, debe preocuparnos más otro de sus miembros, la garrapata. Será mucho más sencillo entrar en contacto con ellas y relativamente más fácil ser vampirizados por este parásito capaz de transmitir diversas enfermedades. Si nos encontrásemos con una aprovechándose de nuestros recursos, deberemos quitarla por medio de algún líquido que le repela y nunca tirando, pues su cabeza podría quedar bajo la piel y enquistarse. Si pensamos que

podría haber parásitos de este tipo por la zona en la que nos movemos, deberemos hacernos un examen a conciencia al final de cada jornada, buscando en las zonas más recónditas de nuestra persona y asegurándonos de que no tenemos un inquilino no invitado.

Salvo algunas especies de arañas, la mayoría no nos picarán ni supondrán un peligro. Los temidos escorpiones pueden picarnos si no somos cuidadosos al levantar alguna piedra o si, al descubrirles, tratamos de manipularlos. Lo cierto es que tratarán de huir de nosotros por todos los medios y tan sólo nos picarán como último recurso.

Dicho sea de paso, no es verdad que se piquen a sí mismos si se les rodea de un círculo de fuego, simplemente se retuercen porque se están quemando. Para seguir desmitificando algunas extrañas costumbres de la fauna local, debo decir que los murciélagos tampoco fuman, se limitan a respirar por la boca donde tienen metido un voluminoso cigarro. Estas prácticas bárbaras, propias de ignorantes, bien pueden terminar con una picadura de escorpión o una mordedura de murciélago.

El primero no nos causará demasiados problemas, a menos que, como

decíamos, seamos alérgicos al veneno o tengamos tan mala suerte que, en lugar de picarnos en una extremidad, nos pique en el tronco o la cabeza, situación, por otra parte, bastante complicada, sólo reservada a contorsionistas expertos. Una atención médica a tiempo será más que suficiente para salvar el pellejo.

Entre los ofidios, es decir, las serpientes, tenemos a las marinas (las más venenosas) que sólo podremos encontrar en circunstancias y lugares excepcionales y un sinnúmero de inofensivos reptiles. Una vez más, la gran

mayoría de ellas, venenosas o no, tratarán de quitarse de nuestro camino tan pronto nos oigan acercarnos, lo que ocurrirá mucho antes de que las veamos. Si esquivamos su posición no nos causarán problemas.

Por norma, siempre que veamos cualquier criatura trataremos de no molestarla. En ese caso hasta una liebre puede resultar peligrosa, a pesar de su aspecto inofensivo (pude ver con mis propios ojos cómo mordía a un amigo). Además de eso, observaremos ciertas precauciones lógicas para evitar sorprender a posibles animales poten-

son un peligro más real que los maltrechos lobos. Tanto unos como otros son excepcionalmente raros o peligrosos.

Bastante más peligrosas son las avispas o las abejas. Muchas personas son alérgicas a sus venenos sin saberlo y, para ellas, recibir varias picaduras puede ser fatal. Como norma, evitaremos molestarlas cuando las encontremos y nos libraremos así de la mayoría de las picaduras. En caso de ser alérgicos conviene llevar un remedio en nuestro botiquín en el que, en cualquier caso, no deben faltar los antihistamínicos.

Es importante, también, conocer algo de psicología animal, la tienda de campaña por ejemplo, a pesar de su fragilidad, constituirá un refugio excepcional contra la mayoría de los animales, incluidos los leones. Su elaboración y su forma, suele evitar que la mayoría de los animales la consideren el envoltorio de una posible presa y la tomen como un objeto sólido. Esto es bien conocido por los cazadores y aventureros africanos.

Los tigres en Asia pueden ser observados y fotografiados desde muy cerca viajando a lomos de un elefante, animal al que están acostumbrados. Los hombres que viajan sobre el elefante se consideran parte de él.

Las aves, principalmente los córvidos y algunas rapaces nocturnas, pueden defender sus nidos con bastante violencia y son capaces de sacarnos un ojo o tirarnos de un árbol. Si no se las molesta, nos evitarán.

Lo principal que debemos saber de los animales es que, normalmente, nuestra voz, nuestro olor o nuestra presencia, bastarán para ahuyentarles, lo que se puede aplicar desde las arañas hasta a los osos. Si evitamos molestarlos reduciremos los riesgos.

cialmente peligrosos. Si levantamos una piedra podemos encontrar criaturas bajo ella que no se tomen a bien que las molestemos. Cuando bebamos de un arroyo o charca podemos tener la mala fortuna de encontrarnos con un víbora en las cercanías que, al sentirse asustada, nos mordiese. Si dejamos la ropa o las botas en el suelo, deberemos comprobar, antes de ponérnoslas, que no tienen inquilinos peligrosos. De qué hacer en caso de picadura o mordedura se habla en el capítulo de primeros auxilios.

La picadura de un murciélago, una rata, un zorro o incluso un perro cimarrón puede transmitirnos la rabia. Los perros solitarios abandonados o los excepcionales grupos que pueden formarse, los llamados perros cimarrones,

CONCEPTOS FUNDAMENTALES

• El estudio previo de la fauna propia de nuestro destino nos facilitará la tarea de tomar precauciones y nos permitirá reconocer las especies que podamos encontrar.

• Los animales tratarán de huir de nosotros en la mayoría de las situaciones.

• No convienen manipular ninguna criatura que encontremos, de esa forma evitaremos problemas.

• No olvidemos que los animales más peligrosos no son los más llamativos o famosos.

• Si somos alérgicos, debemos contar con medicamentos adecuados en nuestro botiquín.

LA MENTE

En la vida al aire libre necesitaremos utilizar la mente constantemente, para resolver problemas o como motor ante la fatiga o cualquier situación de riesgo. Para entenderlo mejor partamos de un caso hipotético en el que se ponga en juego nuestra supervivencia.

Un cuerpo bien entrenado no es suficiente, debe estar gobernado por una mente igualmente capaz y dinámica.

Aunque, lógicamente, una persona con una buena forma física estará en mejores condiciones iniciales para la supervivencia, no es, sin embargo, un requisito imprescindible. De nada servirán unos bíceps capaces de las mayores hazañas, o una piernas con la resistencia suficiente de llevarnos al fin del mundo, si no los impulsan o las guían la firme e inquebrantable voluntad de seguir adelante, es decir, una mente igualmente fuerte.

Muchas veces la supervivencia será responsabilidad única de la mente. Una mente entrenada, una voluntad férrea e indomable, unos conocimien-

tos apropiados y la frialdad de utilizar todo eso de la forma justa y en el momento preciso, determinarán nuestra capacidad de sobrevivir. La imprevisibilidad de cada situación y sus características, la harán tan diferente de cualquier otra, que necesitaremos de la imaginación para adaptar nuestras experiencias, capacidades y aprendizajes a cada caso concreto.

La mente es, por lo tanto, nuestra mejor herramienta a la hora de vivir y sobrevivir, pues no sólo almacena los conocimientos necesarios para lograrlo, sino que además canaliza nuestras fuerzas, da sentido a nuestro esfuerzo

Documentarse a fondo es una forma de preparar la mente para resolver posibles problemas.

y es la que controla todos y cada uno de los pasos que daremos para conseguir nuestro propósito.

Está demostrado que el propósito de nuestra mente en situaciones de riesgo, es resolver los problemas que surgen relativos a nuestra supervivencia. La mente recibe constantemente información y la va registrando, y es en esa información donde se basa posteriormente para dirigir al individuo en su esfuerzo por sobrevivir.

Los datos que almacena la mente, contienen información tridimensional de colores, sonidos, olores y otras muchas percepciones, y el recuerdo de experiencias anteriores, donde se incluyen nuestras impresiones y conclusiones. Este proceso es continuo.

Una señal de alarma suficientemente llamativa, producirá una serie encadenada de efectos físicos, que buscan sacar el máximo provecho de la máquina vital que es el cuerpo: se dilatan las pupilas —para ver mejor—, el corazón late apresuradamente para repartir sangre y oxígeno por todas las zonas del cuerpo, las cápsulas supra-

rrenales segregan más adrenalina de la necesaria, el oído aguza su sensibilidad y los músculos se tensan dispuestos a actuar. Esa respuesta permitirá también un mejor funcionamiento de la mente.

Nuestro cerebro, por lo tanto, no sólo es un arma y una herramienta excelente, también es un enorme almacén de información que ocupa poco y siempre llevamos encima. El estudio, la inquietud y la curiosidad, nos llevarán a llenar ese almacén con multitud de interesantes recursos. Cuantos más tengamos, mejor. Biología, zoología, botánica, primeros auxilios, física aplicada, mecánica, matemáticas...

Entrenamiento autógeno

Este entrenamiento se basa en convencer a la mente de que haga lo que necesitamos, de que nos proporcione los estímulos precisos en el momento preciso, y de que controle nuestro cuerpo de forma tan eficaz que le haga capaz de proezas increíbles, o continuar aun cuando ya no queden fuerzas.

La mente bien preparada encontrará recursos incluso en el lugar más hostil.

Para despertarnos sin utilizar el despertador estamos usando el entrenamiento autógeno. Hay cursos sobre este tema, conducidos por profesionales, que nos darán las pautas básicas. Con este entrenamiento podemos convencernos de que no tenemos frío, de que el hambre no nos afecta, de que nos encanta caminar y el cansancio no va con nosotros. Según el doctor Hannes Lindeman, responde a principios científicos y nada tiene que ver con supersticiones. Con esta técnica, podemos calentarnos, por ejemplo, consiguiendo mediante la relajación y la concentración que la sangre fluya por los vasos capilares. Podemos incluso mejorar la salud y aumentar nuestro rendimiento.

Por el contrario la sugestión negativa es un efecto de la mente que debemos evitar.

Mantener la mente ocupada

En una situación de supervivencia prolongada, la monotonía puede conducirnos a la depresión, una peligrosa enemiga. Para evitar la depresión, lo mejor es mantener un programa de actividades que nos tenga ocupados; una mente ociosa es presa fácil de la

Nuestra voluntad es la que nos permitirá lograr lo imposible, no nuestras piernas.

tristeza y la angustia. Mejorar nuestros útiles, el refugio, dedicarnos a construir algo, aunque no nos sea de mucha utilidad, o dedicar un tiempo a la música, la lectura o a escribir un diario nos permitirán huir de la depresión.

Estando en grupo evitaremos la depresión que puede provocar la soledad, la falta de conversación. Pero si estamos solos, echaremos de menos una voz humana. Las actividades manuales e intelectuales nos ayudarán, al igual que hablar en voz alta. Nuestra propia voz nos hará compañía. Silbar o cantar tienen el mismo efecto.

Control y actitud

La actitud es también importante. Frases como «no puedo dar un paso más», o «estoy muerto de cansancio», no deben formar parte de nuestro vocabulario. Puede que parezca que no podemos dar un sólo paso más, o que la sed o el hambre sean tan intensos que temamos por nuestra vida, pero el simple hecho de pensarlo, no digamos ya de decirlo en voz alta, nos hará más daño que cualquier padecimiento.

Todo lo contrario, los pensamientos que deben pasar por nuestra cabeza y llegar a nuestros labios deben ser de ánimo, para confirmar que, contra todo pronóstico, seremos capaces de superar todos los obstáculos y conseguir nuestra meta.

Evitar el bloqueo

Tras un accidente o un momento de riesgo, se puede producir un bloqueo mental que nos impida actuar correctamente. Los nervios nos dejan en blanco y, aunque sabemos perfectamente lo que debemos hacer, no somos capaces de empezar. Nos hemos bloqueado. Es una reacción normal que sin embargo debemos evitar.

Es imposible ensayar todas las posibles circunstancias, pero llevar a cabo simulacros de todas las situaciones que se nos ocurran puede ayudarnos.

Debemos proporcionar a nuestra mente unas pautas, un cuadro de acción determinado para que responda siguiéndolo ante determinados estímulos. Gracias a ello podremos responder correctamente incluso bajo un estado que nos impida pensar racionalmente.

El instinto

El instinto, también nos hará actuar de forma instantánea ante el peligro. Un ruido fuerte nos obliga a cerrar los ojos involuntariamente, esto no responde al miedo, sino que se trata de una reacción refleja que trata de proteger una herramienta indispensable: los ojos.

La práctica

Aún guardamos vestigios del instinto primitivo de supervivencia, lo que puede ser una ayuda, o un problema. En ocasiones, desconectar la mente y dejar actuar al cuerpo por sí mismo puede ser beneficioso, pero sin un control racional otras veces puede resultar fatal. Saber cuándo conviene uno u otro es complicado y depende de muchos factores; por regla general, debemos intentar dejar una ventana abierta a la mente siempre que actuemos instintivamente, una conexión con la razón. Esto sólo lo da la práctica en estas circunstancias.

Como vemos, los entrenamientos y el aprendizaje deben incluir a nuestro cerebro, que, si bien no obtendrá músculos ni flexibilidad, dispondrá de la capacidad que necesitamos para cuando llegue el momento.

Nuestro instino puede aconsejarnos algo diferente a la razón o nuestro sentido común, saber cuándo hacerle caso es cuestión de práctica.

Glosario

Acimut: También se conoce como rumbo verdadero y es el ángulo que forma una dirección con el norte geográfico.

Altímetro: Instrumento que indica la diferencia de altitud entre el punto en el que se encuentra y un punto de referencia.

Antibióticos: Sustancias químicas producidas por los seres vivos o mediante síntesis, capaces de paralizar el desarrollo de ciertos microorganismos patógenos o de causar su muerte.

Azocar: Apretar bien un nudo.

Atmósfera: Envoltura de aire que rodea el globo terráqueo.

Austral: Perteneciente al austro, y en general, al polo y al hemisferio del mismo nombre.

Batracios: Vertebrados de temperatura variable como la salamandra o el sapo.

Boreal: Perteneciente al bóreas, y en general, al polo y al hemisferio del mismo nombre. Situado al norte. Septentrional.

Brújula: Instrumento para determinar las direcciones de la superficie terrestre. Se basa en una barrita imantada que gira libremente sobre un soporte vertical y queda siempre orientada hacia el norte magnético.

Caloría: Unidad de energía térmica equivalente a la cantidad de calor necesaria para elevar la temperatura de un gramo de agua en un grado centígrado en condiciones normales.

Capilares: Cada uno de los vasos muy finos que enlazan en el organismo la terminación de las arterias con el comienzo de las venas.

Carbohidratos: Ver hidratos de carbono.

Célula: Cada uno de los elementos dotados de vida propia que son las unidades morfológicas y fisiológicas que componen el cuerpo de las plantas y los animales.

Cinta: Tipo de cordino plano.

Citoplasma: Es la parte del protoplasma que en la célula rodea al núcleo.

Climatología: Ciencia que estudia las condiciones atmosféricas.

Conduccion: Propagación del calor de uno a otro cuerpo por contacto entre ambos.

Convección: Propagación del calor por masas móviles de materia, tales como las corrientes de gases y líquidos.

Cordino: Fragmentos de cuerda cortos (hasta de unos diez metros), que se emplean principalmente como eslabones entre los anclajes y las cuerdas.

Coordenadas geográficas: Líneas que sirven para determinar la posición de un punto sobre un mapa geográfico.

Curvímetro: Instrumento que permite medir la distancia de un recorrido irregular sobre un mapa.

Declinación magnética: Es el ángulo que forma la dirección del polo norte magnético y la del polo norte geográfico.

Densidad: Es la relación entre la masa y el volumen de un cuerpo.

Ecológico: Perteneciente o relativo a la ecología.

Ecología: Ciencia que estudia las relaciones existentes entre los seres vivientes y el ambiente en que viven.

Ecuador: Paralelo de mayor radio de nuestro planeta.

Egagrópilas: Bola formada por pelos y huesos sin digerir que regurgitan algunas aves rapaces.

Elasticidad: Propiedad de los cuerpos en virtud de la cual recuperan, más o menos, su extensión y su forma primitivas tan pronto como cesa la acción de la fuerza que las alteraba.

Escala: Línea recta dividida en partes iguales que representan metros, kilómetros, etc., y sirve de medida para dibujar proporcionadamente distancias y dimensiones.

Escalímetro: Instrumento que permite determinar las distancias en función de la escala de un mapa.

Escuálido: Suborden de peces, al que pertenecen los tiburones.

Escualo: Cualquiera de los peces selacios pertenecientes al suborden de los escuálidos.

Evaporación: Acción mediante la cual un líquido se convierte en vapor. El cuerpo humano puede perder calor al disiparse el sudor de este modo.

Franja intertropical: Franja de la superficie terrestre comprendida entre ambos trópicos.

Fuerza: Todo aquello con capacidad de alterar el estado de inmovilidad de un cuerpo sólido.

Geomagnetismo: Conjunto de fenómenos relativos a las propiedades magnéticas de la Tierra. También recibe este nombre la ciencia que estudia estas propiedades.

GPS: Instrumento electrónico que permite determinar las coordenadas de un punto terrestre gracias a las señales que recibe de una red de satélites. Su nombre corresponde a las siglas Global Position System.

Hábitat: Conjunto local de condiciones geofísicas donde se desarrolla la vida de una especie o una comunidad, animal o vegetal.

Heliógrafo: Instrumento destinado a hacer señales telegráficas por medio de la reflexión de un rayo de sol en un espejo.

Hemisferio: Cada una de las dos mitades en que se divide la esfera terrestre.

Hidratos de carbono: Son compuestos químicos de carbono, hidrógeno y oxígeno. También se llaman glúcidos o carbohidratos.

Hipotermia: Descenso de la temperatura del cuerpo por debajo de lo normal.

Humedad: Estado de la atmósfera condicionado por la cantidad de vapor de agua que contiene.

Huso: Parte de la superficie de una esfera, comprendida entre las dos caras de un ángulo diedro que tiene por arista un diámetro de aquella.

Huso horario: Cada uno de los 24 husos esféricos de 15° en que se ha dividido la superficie terrestre.

Inclinación magnética: Ángulo que forma el eje magnético de la Tierra respecto a su eje de rotación.

Irradiar: Despedir un cuerpo rayos de luz, calor u otra energía en todas direcciones.

Latitud: Es la distancia que hay desde un punto terrestre al ecuador, medida en grados de meridiano.

Leyenda: Conjunto de símbolos empleados en un mapa acompañados de una explicación de lo que representan.

Longitud: Es la distancia, medida en grados, a lo largo del paralelo que pasa por el punto elegido.

Limbo: Corona graduada de la brújula que nos permite medir ángulos.

Mapa geográfico: Representación en plano, aproximada, reducida y simbólica de las características de la superficie terrestre.

Meridiano: División del globo terráqueo con planos perpendiculares a los paralelos y que a su vez pasan por el eje de rotación.

Meteorología: Ciencia que estudia los fenómenos relacionados con el tiempo y el clima.

Molécula: En los fluidos, cada una de las partículas que se mueven con independencia de las restantes, y en los sólidos, agrupación de átomos ligados entre sí más fuertemente que con el resto de la masa.

Neopreno: Material con el que se confeccionan prendas para el agua. Nombre que reciben los trajes confeccionados con ese material. No es impermeable. Una vez que el agua ha penetrado en su interior se queda entre nuestra piel y el traje y es calentada por nuestro cuerpo. Esa película de agua nos mantiene calientes.

Orientación: Es el ángulo que forma una dirección con el cuadriculado del plano.

Paleolítico: Perteneciente o relativo a la Edad de Piedra.

Paralelos: Divisiones en ambos hemisferios mediante planos perpendiculares al eje de rotación. Esto forma circunferencias paralelas entre sí que van disminuyendo de diámetro hasta que llegan a los polos, donde se convierte en simples puntos.

Plantígrados: Mamíferos cuadrúpedos que al andar apoyan en el suelo toda la planta de los pies y las manos. A este grupo pertenecen los osos o los tejones, por ejemplo.

Principios inmediatos: Sustancia orgánica de composición definida que entra en la constitución de los seres vivos o de algunos de sus órganos.

Prótidos: Principios inmediatos de tipo orgánico.

Puntos cardinales: Cada una de los cuatro puntos que se perciben sobre la superficie del horizonte: norte, sur, este y oeste.

Radiación: Acción y efecto de irradiar.

Rosa de los vientos: Círculo que tiene marcados los 32 diferentes rumbos en que se divide la vuelta al horizonte.

Rumbo: Es el ángulo que forma una dirección con el norte magnético.

Talonamiento: Técnica que permite medir la distancia recorrida contando nuestros pasos durante la marcha.

Tejido: Conjunto de células de características semejantes que desempeñan una análoga misión.

Transpiración: Efecto de transpirar.

Transpirar: Pasar los humores de la parte interior a la exterior del cuerpo a través del tegumento.

Trópicos: Cada uno de los dos círculos menores que se consideran en el globo terrestre en correspondencia con los dos de la esfera celeste. Se llaman Trópico de Capricornio y Trópico de Cáncer y ambos están situados a 23° 27′ de latitud Norte o Sur.

Ungulígrado: Mamíferos adaptados para una carrera rápida y larga, entre ellos se encuentran los ciervos o los caballos. Al desplazarse ponen en contacto con el suelo únicamente la punta de sus dedos.